Brigitte Kleinod

Das Hochbeet

Brigitte Kleinod

Das Hochbeet

Vielfältige Gestaltungsideen für Gemüse-,
Kräuter- und Blumengärten

Planen • Bauen • Bepflanzen

Inhalt

Teil 2: Gestalten und Bepflanzen

Liebe Leserin, lieber Leser!

Seit Jahren experimentiere ich mit Hochbeeten in meinem Garten, denn das Arbeiten am Boden fällt mir, wie den meisten Menschen, nicht leicht. Und gerne teile ich meine Erfahrungen mit anderen Personen. Bei meinen Kursen und Vorträgen, aber auch bei der persönlichen Gartenberatung kann ich immer wieder hören, dass schon viele Gartenbesitzer ein Hochbeet hatten, damit aber meist schlechte Erfahrungen gemacht haben. Oft war es falsch gebaut, unsachgemäß befüllt und verrottete bereits nach einigen Jahren. Andere liebäugeln schon lange mit einem Hochbeet, wissen aber nicht recht, wie sie beginnen sollen und welche der unterschiedlichen Bauweisen für sie in Frage kommt. Auf Gartenschauen und in Gartenzeitschriften wird zudem immer wieder eine Befüllungstechnik gezeigt, die für die meisten Hochbeete völlig unpraktikabel ist. So habe ich mich entschlossen, Ihnen mit diesem Buch eine Übersicht zu verschaffen und alle erprobten Techniken des Hochbeetbaus, der Befüllung und Bepflanzung zusammenzutragen.

Das Hochbeet ist eine alte Idee, die teilweise in Vergessenheit geraten und erst mit der wachsenden Zahl von Gärten für Behinderte in entsprechenden Einrichtungen wieder neu entdeckt wurde. Im privaten Hausgarten findet man sie dagegen eher selten. Dabei sind neben vielen Senioren auch viele junge Menschen an Hochbeeten interessiert. Sie schätzen neben der Pflegeleichtigkeit auch die Überschaubarkeit und die Möglichkeit »klein anzufangen«. Nicht zuletzt eignen sich Hochbeete hervorragend für Demonstrations- und Schulgärten. Demontierbare Hochbeete können sogar von Mietern beim Umzug einfach mitgenommen werden. Der Handel reagiert auf das größer werdende Interesse und bietet inzwischen einfache Bausätze aus den unterschiedlichsten Materialien an.

Selbst gebaute Hochbeete sieht man öfter in Nutzgärten und Kleingartenanlagen. In einen Hausgarten fügen sie sich aber gestalterisch selten zwanglos ein. Allerdings gibt es auch nicht viele gestalterische Vorbilder und Fertigbeete. Deshalb ist es mir wichtig, Ihnen hier viele Bau- und Gestaltungsbeispiele zu zeigen, die zu modernen Haus- und Ziergärten aller Stilrichtungen passen. Dabei müssen Sie sich nicht nur auf Nutzpflanzen beschränken, auch viele Zierpflanzen kommen im Hochbeet besser zur Geltung. Am wichtigsten ist es aber, dass ein Hochbeet den Körpermaßen des Menschen entspricht, denn die Pflege der Pflanzen soll immer rückengerecht sein. Damit ist sie aber auch von der gewählten Pflanzenkultur abhängig, die wiederum die Auswahl des Pflanzsubstrates vorgibt. Nicht nur beim Bau, auch bei Schichtung und Wahl des Füllmaterials für die Kästen werden viele Fehler gemacht. So hoffe ich, dass Sie beim Lesen dieses Buches viele Anregungen erhalten und sich ein oder mehrere Hochbeete in den Garten stellen. Sie müssen kein Lehrgeld für falsche Konstruktionen zahlen, werden jeden Tag Freude an Ihren Pflanzen haben und Ihre Nachbarn werden Sie beneiden.

Ein leidenschaftlicher Verfechter und Praktiker der Hochbeetkultur war Heinz Erven, der auf diesem Gebiet viel Pionierarbeit geleistet hat. Aber auch Hertha Kalaus-Zimmermann sei Dank für die Weitergabe ihrer praktischen Erfahrungen in ihrem leider vergriffenen Buch. Ein Dank geht auch an Elvira und Peter Weckesser, die mir viele Anregungen in ihrem Hochbeetgarten gegeben haben. Weiterer Dank an Ulla Grall und Friedhelm Strickler für ihre Anregungen und Korrekturen. Einen besonderen Dank auch an meinen Mann Michael, der mir geduldig beim Bau und Befüllen der vielen Hochbeete im eigenen Garten geholfen hat.

Zuletzt möchte ich auch dem Verlag für das Vertrauen und für die gute Zusammenarbeit danken und der Zeichnerin für die vielen schönen Illustrationen.

Ich hoffe, dass die vorgestellten Beispiele viele Nachahmer finden, freue mich aber auch über viele weitere Anregungen, Ideen und Erfahrungsberichte meiner Leserinnen und Leser.

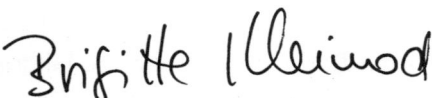

Teil 1: Bauen und Befüllen

Gärtnern ohne krummen Rücken

Unter einem Hochbeet versteht man ein Gartenbeet, das sich über das übliche ebenerdige Niveau erhebt. Somit sind alle Beete Hochbeete, die mit Holz oder Stein eingefasst und etwas höher als der »gewachsene« Erdboden sind. Die Erhöhung entsteht meist im Lauf der Zeit durch Mist- oder Kompostgaben auf dem Beet und durch das Zusammendrücken des Bodens auf den Wegen dazwischen. Oft werden die Beete mit Brettern gerahmt, um sie vor Erosion zu schützen. Dies kann man z. B. bei alten Kloster- und Bauerngärten sehen. Allerdings ist hier der Höhenunterschied zwischen Beet und Weg so gering, dass man sich weiterhin zu den Pflanzen herunterbücken muss.

Ziel eines echten Hochbeetes sollte jedoch sein, das rückenschädliche Bücken zu vermeiden und in angenehmer Position, im Stehen oder Sitzen, zu arbeiten. Eine Renaissance erleben Hochbeete bei den Gartenarchitekten, seit man Gärten für Senioren- und Behindertenheime bewusster anlegt. Doch auch biologisch arbeitenden Gartenbesitzer haben schon lange erkannt, dass man in einem Hochbeet, das nach dem Prinzip des Hügelbeetes befüllt wird, viel organisches Material unterbringen und im nächsten Jahr eine reiche Ernte einbringen kann.

Wer einmal an einem Hochbeet gearbeitet hat, wird sich ein weiteres bauen, denn er hat die Arbeitserleichterung direkt gespürt. Allerdings nur, wenn das Beet richtig gebaut und befüllt wurde sowie alle Anforderungen an die Körpermaße des Besitzers beachtet wurden.

Ich möchte hier nicht bestreiten, dass das Bauen und Befüllen anstrengende und keineswegs rückenschonende Arbeiten sein können. Allerdings gibt es auch hier viele Tricks, wie man sich die Arbeit erleichtern kann (siehe Seite 13). Dem einmaligen Aufwand stehen aber so viele angenehme Arbeitsstunden gegenüber, dass sich das Bauen allemal lohnt. Deshalb kann damit gar nicht früh genug begonnen werden. In den folgenden Jahren und Jahrzehnten wird man jeden Tag, den man umgrabend, gebückt oder auf den Knien hockend im Garten verbracht hat, als überflüssig ansehen.

Doch bitte bauen Sie nicht sofort los, sondern lesen Sie erst alles sorgfältig und erwägen Sie erst dann die für Sie momentan und in den nächsten Jahren optimale Lösung. Die folgende kleine Checkliste könnte Ihnen dabei helfen. Wenn Sie die Mehrzahl der Fragen mit Ja beantwortet haben, sollten Sie sich unbedingt Hochbeete bauen (lassen).

Fragenkatalog zum Hochbeetbau im Garten

▷ Ist der Garten mein Eigentum und werde ich ihn noch viele Jahre nutzen?

▷ Bin ich bereit, einmalig eine gewisse Geldsumme zu investieren?

▷ Stehen sowieso Umgestaltungen des Gartens und / oder der Terrasse an?

▷ Fällt demnächst Material an, das ich zum Bauen und / oder Befüllen der Beete verwenden kann?

▷ Ist mein Garten am Hang gelegen bzw. ganz oder teilweise uneben?

▷ Fällt mir die Gartenarbeit am Boden schwer?

▷ Habe ich oft Rückenschmerzen bei und / oder nach der Gartenarbeit?

▷ Fürchte ich mich vor Überforderung bei der Gartenarbeit aufgrund des Älterwerdens und den damit verbundenen nachlassenden körperlichen Kräften?

▷ Lebt in meinem Haushalt bzw. Garten ein Behinderter?

▷ Würde ich gerne mehr anpflanzen, schrecke aber vor der Pflanzung und / oder Pflege am Boden zurück?

▷ Würde ich gerne Nutzpflanzen ziehen, finde aber nicht die richtige Ecke dafür?

▷ Habe ich schweren und / oder steinigen Boden?

▷ Ist mein Gartenboden mit Wurzelunkräutern durchsetzt?

▷ Habe ich regelmäßig sehr viel organischen Abfall, z. B. Laub zur Verfügung?

Es soll aber nicht verschwiegen werden, dass Hochbeete auch einige Nachteile mit sich bringen. Ob sie die Vorteile aufwiegen, muss jeder selbst entscheiden. Die meisten scheinbaren Nachteile lassen sich aber mit geschickten Konstruktionen wettmachen, sodass die Vorteile überwiegen.

Vor- und Nachteile von Hochbeeten

Vorteile

▷ Rückengerechte und einfache Pflege im Stehen oder Sitzen
▷ Freie Wahl des Kultursubstrates,
   unabhängig von vorhandenem Boden
▷ Unkraut kann von vornherein vermieden bzw.
   leicht entfernt werden
▷ Sinnvolle Verwendung von Gartenabfällen
▷ Frühe Erwärmung der Beete, guter Winterschutz
▷ Gute Schädlingskontrolle und -abwehr
▷ Höhere Erträge pro Fläche als bei Bodenkulturen

Nachteile

▷ Hoher baulicher Aufwand zu Beginn
▷ Hoher Materialbedarf für die Erstbeschickung
▷ Höherer Wasserbedarf als bei Bodenkulturen

Nachteile bei falscher Bauweise bzw. Befüllung und daher leicht zu vermeiden

▷ Baumaterial verrottet schnell
▷ Erde in den Beeten sackt schnell zusammen
▷ Wühlmäuse finden ein Zuhause

Kübel, Pflanzring oder Hochbeet?

Pflanzgefäß	Beschreibung, Verwendung	Bemerkungen
Kübel	Großes Pflanzgefäß mit zehn Liter und mehr Inhalt, Wasserabzugslöcher im Boden. Aus Metall, Kunststoff oder Keramik (sollte für draußen immer frostfest sein). Kann mit mehreren Pflanzen dauerhaft bestückt werden.	Kann nicht so einfach angehoben werden, sollte deshalb auf einem Rolluntersetzer stehen. Wurzelballen kann im Winter vollständig gefrieren, deshalb sollte der Kübel eingegraben werden oder mit Winterschutz an geschütztem Standort stehen.
Pflanzring	Niedriges Hochbeet ohne Boden, meist Bausatz aus Kunststoff oder Metall, Gabione oder Betonschachtring, bis etwa 40 cm Höhe. Nur sinnvoll ab einem Innendurchmesser von mindestens 80 cm. Braucht meist keine Drainageschicht.	Wasserabzug muss gewährleistet sein. Je nach Höhe und Wurzelballen auf gewachsenen Boden (Pflanzenwurzeln dringen in den Boden ein und sind hier frostsicher) oder Vlies (Wurzelunkräuter sind ausgesperrt, aber keine Frostsicherheit) stellen.
Hochbeet	Erhöhte Pflanzfläche mit senkrechten Wänden, die eine rückengerechte Pflege im Sitzen (etwa 50 cm Höhe, breiter glatter Rand) oder Stehen (80 bis 100 cm Höhe) gewährleistet. Die Beettiefe (bzw. -breite) sollte einfache bzw. doppelte Armlänge nicht überschreiten.	Drainageschicht sinnvoll oder notwendig, Wasserabzug muss gewährleistet sein. Auf gewachsenen Boden oder andere sickerfähige Fläche stellen. Kann angelehnt oder frei im Garten stehen.
Treppenbeet	Zwei oder mehr hintereinander gestaffelte Hochbeete zum Stützen und zur rückengerechten Gliederung von Hängen.	Beetwände müssen stabil genug sein, den Hangdruck aufzufangen. Vor jeder Wand muss ein ausreichend breiter Weg zur Pflege der Bepflanzung sein.
Hügelbeet	Mietenförmiger, geschichtet aufgesetzter Haufen aus organischem Material bis etwa 1 m Höhe ohne befestigte Wände. Die obere Erdschicht dient hier als schräge Pflanzfläche.	Beetform nicht rückengerecht und sehr ungünstig für die Bewässerung. Haufen verrottet schnell und sackt schon im ersten Jahr auf etwa die Hälfte der ursprünglichen Höhe zusammen.
Frühbeetaufsatz	Glasabdeckung für das Hochbeet, gegebenenfalls ergänzt mit einer Mistpackung als Fußbodenheizung.	Der Frühbeetaufsatz sollte genau auf das Hochbeet passen, damit keine Wärme verloren geht.

Ergonomie und Form der Hochbeete

Damit ein Hochbeet wirklich arbeitserleichternd ist, müssen alle Vorgaben des körperschonenden Arbeitens bedacht werden. Die Ergonomie, die Lehre von der Anpassung der Arbeit an den Menschen, hat bereits Vieles im Alltagsleben erleichtert. So werden Arbeitsplätze in Büros und in der Industrie genauso wie Küchen in Privathaushalten

Die Körpergröße oder Beinlänge bestimmt die Höhe des Beetes, wenn Sie mit niedrigen Pflanzenkulturen im Stehen arbeiten wollen. Der obere Rand sollte immer auf Höhe des Beckenkamms sein, also etwa 85 bis 100 cm hoch, gemessen mit dem im Garten üblichen Schuhwerk. Da unsere Armlänge begrenzt ist, sollte das Beet 60 bis maximal 70 cm Tiefe aufweisen. Ist es von beiden Längsseiten erreichbar, gilt die doppelte Breite (die Wandstärke muss dabei mitgerechnet werden). Besonders aufrecht kann man an einem Beet mit Untertritt von etwa 14 cm Höhe und Tiefe stehen.

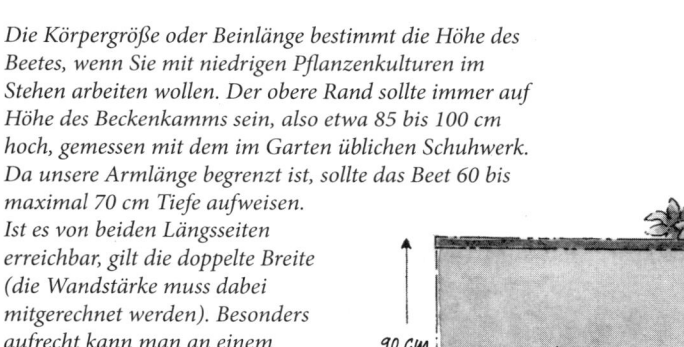

Bei einer Beethöhe von 50 bis 65 cm kann man im Sitzen gut arbeiten (gewöhnliche Stühle haben eine Sitzhöhe von 45 cm). Allerdings wird hier der Oberkörper verdreht, was nicht für jeden Rücken gut ist. Niedrige Hochbeete eignen sich gut für hohe Kulturen (z. B. Tomaten), die man dann im Stehen rückenschonend gießen und ernten kann. Die Bodenvorbereitung erledigt man dagegen im Sitzen.

nach den neuesten Erkenntnissen dieser Wissenschaft gestaltet. Ebenso kümmern sich Ergonomen und Ergotherapeuten aber auch um die Arbeitsabläufe bei Fertigungsprozessen oder bei der Rehabilitation Kranker und Behinderter. Und fast nebenbei hat man herausgefunden, dass gerade die Gartenarbeit bei vielen Krankheitsbildern zur Genesung beitragen kann. Daher werden auch zunehmend ergonomisch geformte Gartengeräte entwickelt.

Es spricht also nichts dagegen, dass Sie Ihren Garten ergonomisch gestalten, zumal niemand vor Krankheiten, Behinderungen und dem ganz normalen Altern gefeit ist. Aber auch völlig gesunde, schmerzfreie und fitte Menschen wissen die Arbeit an Hochbeeten zu schätzen. Wichtig vor dem Bau ist, dass Sie Ihre Körpermaße kennen und Ihre Arbeitsplätze entsprechend anpassen.

Tipp *Ergonomie ist die Lehre von der Anpassung der Arbeit an den Menschen. Diese Erkenntnisse, die für die Arbeitswelt entwickelt wurden, sollten unbedingt auch im Alltag in jedem Garten berücksichtigt werden.*

Neben den bekannten freistehenden, meist rechteckigen, kistenförmigen Hochbeeten gibt es noch viele andere gestalterische Möglichkeiten. Je nach Platz und Geländeform des Gartens können Hochbeete gut an ein Gebäude oder eine Mauer angelehnt werden. Besonders an Südseiten profitieren die Pflanzen von der Wärmespeicherung, bei hellen Mauern auch von der Reflexion der Sonnenstrahlen. Dabei müssen die Fassade oder Mauer aber mit einer Drainplatte geschützt und die Entwässerung des Beetes sorgfältig geplant werden. Die Konstruktion darf keinesfalls an die Wand geschraubt werden, sondern muss selbsttragend sein.

Mit Hochbeeten kann man einen Hang abfangen oder ein Gelände terrassieren. Hochbeete entstehen auch aus Mauern, wenn man diese doppelt, mit einem Beet dazwischen, baut. Sie können den Garten anstelle eines Zaunes begrenzen oder eine erhöhte Terrasse schützen. Man kann aber auch vertiefte Sitzplätze mit Hochbeeten begrenzen. Außerdem müssen Hochbeete nicht immer eckig sein. Auch geschwungene Formen, die sich dem Geländeverlauf anpassen, sind möglich und sehen besonders schön aus. Freistehende Beete können auch rund, sechs- oder achteckig sein. Solange alle ergonomischen Vorgaben erfüllt sind, sind Ihrer Fantasie keine Grenzen gesetzt.

Die Form eines Hochbeetes ist aber auch durch die Materialwahl begrenzt. Die Entscheidung für eine Bauweise richtet sich nicht nur nach ergonomischen, sondern auch bautechnischen, ästhetischen und klimatischen Anforderungen.

Tipp *Überlegen Sie erst genau, wie Sie die Beete nutzen möchten, bevor Sie die Maße bestimmen. Zu pflegeintensiven Hochbeeten gehören auch Flächen zum Ausruhen, Abstellen, Aufbewahren von Werkzeugen und Einrichtungen für die Bewässerung.*

Tischbeete für Rollifahrer

Das Tischbeet ist eine Sonderform des Hochbeetes, die unterfahren werden kann. Es wurde für Rollstuhlfahrer entwickelt, eignet sich aber für alle Menschen, die besser im Sitzen arbeiten können. Hier muss besonders gut Maß von Mensch und Stuhl genommen werden, damit der Nutzer gut arbeiten kann. Da der Substrataufbau hier nur etwa 25 Zentimeter beträgt, können nur bestimmte Pflanzen angebaut werden. Für viele einjährige Kräuter und niedrige Zierpflanzen, aber auch für Minisalate ist die Substratdicke jedoch ausreichend. Es ist nicht ganz einfach, ein stabiles, praxisgerechtes Tischbeet zu bauen (und eine Beschreibung würde hier zu weit führen). Als Fertigelemente eignen sich die höhenverstellbaren Kulturtische aus dem Erwerbsgartenbau. Sie sind aus Edelstahl, haben Entwässerungsrinnen und können auf Rollen nach Bedarf in die Sonne bzw. im Winter in ein Gewächshaus gefahren werden.

Mineralische oder organische Drainageschicht

Hochbeete können während oder nach dem Bau mit Drainagematerial und Substrat befüllt werden. Da das Innenleben eines Hochbeetes, sei es aus Holz oder Stein, groß oder klein, immer nach den gleichen Prinzipien aufgebaut ist, soll es bereits an dieser Stelle erklärt werden. Genaue Rezepte finden Sie aber bei den betreffenden Bauanleitungen (siehe Seite 51) sowie bei den Bepflanzungsvorschlägen (siehe Seite 87).

Beim Beschicken der Beete fangen Sie selbstverständlich von unten an. Besonders bei der Trockenmauerbauweise bzw. bei mineralischen Drainageschichten bietet es sich an, das Material gleich mit beim Aufbau der Wand einzufüllen. Aber auch bei vielen Holzbauweisen kann man die Dränageschicht lagenweise einfüllen, während der Rand nach und nach höher gebaut wird. So muss man nicht das ganze Material über die hohen Wände heben. Zum besseren Verständnis der Aufgaben der Schichten sollen diese aber erst einmal von oben nach unten erklärt werden.

Zum Wachsen brauchen die Pflanzen ein **Substrat** in bestimmter Dicke und Zusammensetzung. Diese Schicht muss an die gewählte Bepflanzung angepasst werden. Jeder weiß, dass verschiedene Zier- und Nutzpflanzen unterschiedlich tief wurzeln und auch unterschiedliche Böden bevorzugen. Weniger als 30 Zentimeter Dicke sollte die oberste Substratschicht aber nicht haben, für manche Pflanzen sind 40 Zentimeter passender Boden nötig. Dies kann eine gute Gartenerde sein oder ein selbst gemischtes Substrat aus unkrautfreiem Kompost, Sand und Hilfsstoffen, z. B. Bentonit. Die genaue Zusammensetzung und der Nährstoffgehalt richten sich immer nach der gewünschten Kultur (siehe auch Seite 87).

Da Hochbeete aber höher als die Substratschicht sind, muss man vorher eine wasserdurchlässige Schicht unter dem Substrat einfüllen, die **Drainageschicht.** Sie gewährleistet den Wasserabzug und dient als Füllmaterial der Beetkästen. Hier ebenfalls guten Gartenboden zu verwenden, wäre zum einen Verschwendung. Zum anderen würde normale Erde in dieser Schichtdicke zu stark zusammengepresst, um einen Wasserabzug zu ermöglichen.

Für die Drainage kann man unterschiedliches Material verwenden. Vor allem bei steinernen Beeten füllt man Schotter, Lavabims oder Bauschutt in das Beet. In der Regel muss obenauf ein Vlies als Trennschicht zwischen Drainage- und Substratschicht gelegt werden, damit die Erde nicht in der Drainageschicht verschwindet. Sollen in dem Beet ausschließlich mediterrane Kräuter gepflanzt werden, ist eine Trennung von Drainage- und Substratschicht nicht nötig. Hier reichen eine Abstufung der Korngröße und Anreicherung der obersten 30 bis 40 Zentimeter mit etwas Kompost völlig aus.

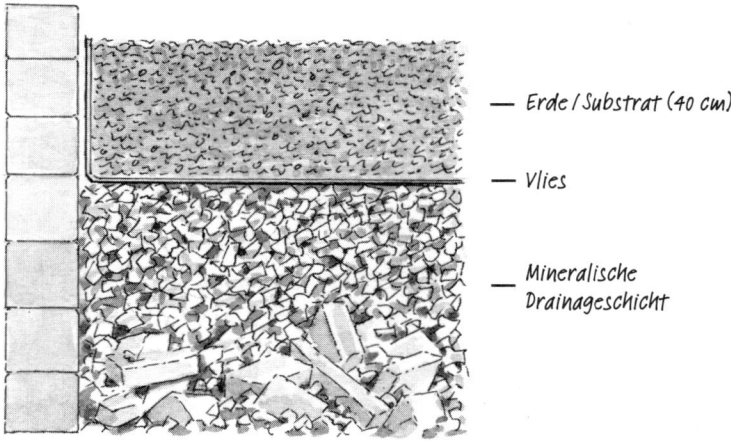

— Erde / Substrat (40 cm)

— Vlies

— Mineralische Drainageschicht

Sorgen mineralische Füllstoffe für die Drainage, wird kein Kaninchendraht gegen Wühlmäuse benötigt. Ein Vlies verhindert, dass das Pflanzsubstrat nach unten wandert.

Als Füllmaterial bzw. Drainageschicht im Hochbeet kann aber auch organisches Material wie Holzhäcksel dienen. Je nach Holzart verrottet es mehr oder weniger schnell und sackt dabei zusammen, sodass man von oben jedes Jahr Substrat nachfüllen muss. Wer immer reichlich Kompost zur Verfügung hat, kann damit das Substrat ergänzen und dabei an die gewünschten einjährigen Kulturen anpassen.

Wenn Ihnen diese Arbeit zu schwer ist, und wenn Sie dauerhafte Kulturen pflanzen möchten, sollten Sie besser dauerhaftes, nicht sackendes, also mineralisches Material als Füllung verwenden. Dies können im unteren Bereich auch Steine, ausrangierte Gehwegplatten, Rasengittersteine oder Lochziegel sein. Wichtig ist nur, dass sich kein Wasser staut, das Material stabil liegt und die Seitenwände Ihres Beetkastens nicht nach außen gedrückt werden.

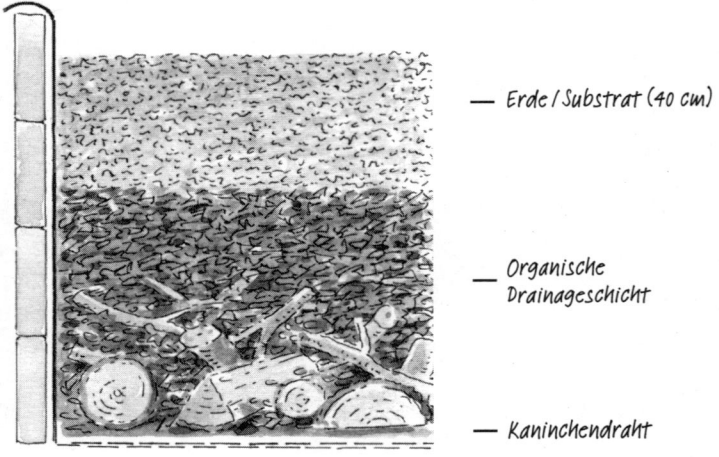

— Erde / Substrat (40 cm)

— Organische Drainageschicht

— Kaninchendraht

*Organisches Drainagematerial bietet sich an, wenn im Garten viele Stamm-
und Aststücke oder grobe Holzhäcksel vom Schreddern zur Verfügung stehen.
Zudem wird Kompost benötigt, um das zusammensackende Beet wieder aufzufüllen.
Gegen Wühlmäuse hilft Kaninchendraht.*

Tipp *Wer Rohboden als Füllung und Drainage verwenden möchte, muss ihn unbedingt mit Schotter, Lavabims, gegebenenfalls auch scharfem (gewaschenem) Sand im Verhältnis 1:1 vermischen, damit der Wasserabzug und die Belüftung gewährleistet sind. Aber auch Rohboden sackt mit der Zeit zusammen, allerdings nicht so stark wie verrottendes Material.*

Füllmaterialien und Pflanzsubstrate für Hochbeete

Mineralisches Drainagematerial

▷ **Steine, Platten, Lochsteine, Rasengittersteine:** ordentlich aufschichten, große Lücken mit körnigem Material füllen; obenauf Kaninchendraht und Vlies verlegen

▷ **Bauschutt, Schotter, Kies, Lavabims, Recyclingmaterial (gemahlener Bauschutt):** bei Größenunterschieden grobes Material nach unten, feines Material nach oben; Kaninchendraht ist nicht nötig, aber obenauf Vlies verlegen

Organisches Drainagematerial

▷ **Baumstubben, grobe Äste, Stammabschnitte:** ordentlich und dicht aufschichten, große Lücken mit Häckselgut füllen; Material verrottet und sackt ab; immer Kaninchendraht am Boden verlegen

▷ **Grobes Holzhäckselgut:** lässt sich leicht einfüllen, verrottet und sackt dabei ab; unbedingt Kaninchendraht am Boden verlegen

▷ **Feines Häckselgut, Laub, Gartenabfälle:** Material unbedingt mit grobem organischen Material mischen; Material verrottet schnell und sackt stark ab; unbedingt Kaninchendraht am Boden verlegen

▷ **Rohboden:** unbedingt im Verhältnis 1:1 mit Sand, Lavabims oder Schotter mischen; Kaninchendraht am Boden verlegen

Pflanzsubstrate

▷ **Mutterboden:** nur unkrautfreie, auf Schadstoffe geprüfte Erde verwenden, gegebenenfalls an gewünschte Kulturen anpassen

▷ **Kompost:** nur schadstoffgeprüften, gekauften oder gut abgelagerten, selbst hergestellten Kompost verwenden, mit Sand, Lehm und anderen Hilfsstoffen an gewünschte Kulturen anpassen

▷ **Pflanzerde:** nur torffreie, zertifizierte Erde verwenden, passend zur gewünschten Kultur; sackt meist stark ab, gegebenenfalls mit stabilisierenden Zusätzen (Gesteinsmehle, Bentonit) anreichern

▷ **Mist:** nur als etwa 15 Zentimeter hohe Zwischenschicht abgelagerten, strohigen Mistes von Pferd, Rind oder Schaf unter dem Pflanzsubstrat verteilen; gibt Wärme ab, düngt die Pflanzen und beschleunigt die Rotte des organischen Drainagematerials

Das Pflanzsubstrat

Das Pflanzsubstrat sollte vor der Bepflanzung immer auf die Bedingungen der gewünschten Pflanzen abgestimmt werden. Im eigenen Gartenboden hat man das bisher mit Umgraben, Zuschlagstoffen, Düngen und Mulchen bewerkstelligt. Je nach Ausgangssituation und Pflanzenansprüchen ist das mehr oder weniger gelungen. In vielen Fällen hat es viel Mühe gemacht und Rückenschmerzen verursacht. In gutem Gartenboden wurde man dabei auch von Regenwürmern und anderen Bodentieren unterstützt (siehe auch Seite 146). Im Hochbeet mischt man sich das Substrat von vornherein so, dass es optimal auf die gewünschten Pflanzenkulturen abgestimmt ist. Da man das Substrat sowieso in das Beet schaufeln muss, kann man es auch gleich passend aus verschiedenen Ausgangsstoffen mischen. Haben Sie guten Mutterboden zur Verfügung, werden Sie diesen auch verwenden wollen. Doch Achtung bei gekaufter Erde: Sie wissen nie, was drinnen ist! Selbst wenn sie auf Giftstoffe untersucht und für unbedenklich erklärt wurde, kann sie mit unzähligen Unkrautsamen angereichert sein. Dies kann man vermeiden, wenn man das Pflanzsubstrat aus unkrautfreien Bestandteilen selbst zusammenstellt. Dabei kann man auf verschiedene Weise vorgehen: Entweder mischt man die Bestandteile am Boden gut durch und schaufelt sie dann ins Beet (leichter geht es bei größeren Mengen mit einem Förderband, das man sich ausleihen kann). Oder man mischt kleinere Mengen in Eimern oder Wannen, die man einfach über den Beetrand heben kann. Materialien in Säcken kann man auch direkt ins Beet füllen und dort mit Zuschlagstoffen mischen. Dazu steht man entweder auf dem Rand des Beetes und benutzt Langstielgeräte, oder man mischt von außen mit Handgeräten. Wer mit einem Kleinlaster oder Anhänger an die Beete heranfahren kann, sollte die Substratbestandteile in passendem Verhältnis holen und direkt auf der Ladefläche durchmischen. Das Herunterschaufeln geht allemal besser als das Hineinschaufeln von abgekipptem Material.

Materialien zum Mischen von Pflanzsubstraten

▷ **Geprüfter unkrautfreier Mutterboden**
▷ **Fertig gemischte Pflanzerden** (für verschiedene Kulturen)
▷ **Kompost** (»steriler«, geprüfter Kompost aus dem Kompostwerk)
▷ **Pflanzenfasern** (z. B. aus Stroh, Spelzen, Kokosfasern, als Torfersatz)
▷ **Lehmiger Sand** (lockert; Lehmanteile binden)
▷ **Scharfer, gewaschener Sand** (lockert, magert ab)
▷ **Gemahlener Lavabims** (Korngröße 0/16; lockert und bindet Wasser)
▷ **Lehmiger Rohboden** (unkrautfrei, aus großer Tiefe; bindet Wasser)
▷ **Bentonit** (gemahlener Ton und andere Bestandteile; bindet Wasser)
▷ **Gesteinsmehle** (düngen, fördern Ton-Humus-Komplex)
▷ **Geohumus** (wasserspeicherndes Granulat aus Superabsorber auf Kohlenstoffbasis und Gesteinsmehl; bindet Wasser)

Zwischen Drainageschicht und Substrat sollte man immer ein Vlies legen, damit die feine Erde nicht in der Drainageschicht verschwindet. Unter dem Substrat kann man noch eine Zwischenschicht aus Mist einfüllen, die verschiedene Funktionen erfüllen kann: Bei Hochbeeten, die als Frühbeete dienen, erwärmt der frische Mist das Substrat von unten. Stark zehrende Pflanzen wie Tomaten und Kürbisse profitieren vom hohen Nährstoffgehalt dieser Schicht. Außerdem kann man mit dem (abgelagerten) Mist die Bodenfruchtbarkeit wieder erhöhen. Schwach zehrende Kulturen wie Salat und die meisten Küchenkräuter können hier aber nicht gedeihen. Bei ihnen verzichtet man auf diese Schicht oder man baut sie hier erst im dritten Jahr in Kulturfolge an, wenn die Nährstoffe von den Stark- und den folgenden Mittelzehrer weitgehend aufgebraucht wurden.

Tipp *Damit Sie es nicht vergessen, sei hier erwähnt, dass Sie für den Hochbeetbau auch verzinkten Kaninchendraht sowie Teichfolie (Polyethylenfolie, 0,5 mm dick) und gegebenenfalls auch Drainagevlies benötigen.*

Bezugsquellen für Füllmaterial und Pflanzsubstrat

▷ **Mineralisches Füllmaterial** (Schotter, Splitt, Kies, gewaschenen und ungewaschenen Sand, Lavagrus, Dachsubstrat und Weiteres mehr) bekommt man beim Baustoffhändler als preiswertes Schüttgut. Größere Mengen sollte man liefern lassen, kleinere Mengen kann man auch selbst mit Hänger oder Kleinlaster abholen. (Achtung: Ein Kubikmeter kann zwei bis zweieinhalb Tonnen wiegen!)

▷ **Holzhäcksel** bzw. grobe Hackschnitzel werden von manchen Forstbetrieben und Baumfällern geliefert. Da sie auch als Heizmaterial benutzt werden, gibt es flächendeckend Vertriebsnetze (beim Forstamt erfragen). Nehmen Sie wenn möglich nur grobe, im Winter gewonnene Hackschnitzel aus Laubholz (am besten Eiche oder Buche) bzw. Lärche, denn grobes Material ohne Grünanteil verrottet wesentlich langsamer.

▷ **Rindenmulch** bekommt man in Säcken in jedem Baumarkt oder Agrarmarkt, allerdings ist loses Material wesentlich preiswerter. Auf dem Land kann man es oftmals selbst von den Recyclinghöfen der Gemeinde holen, auch manche Baustoffhändler vertreiben es.

▷ **Kompost** gibt es auf Recyclinghöfen der Gemeinde, bei Baustoffhändlern oder direkt im Kompostwerk. Auch manche Klärwerke vertreiben einen mit Klärschlamm vermischten zertifizierten Kompost. Nehmen Sie stets nur nach RAL-Richtlinien geprüften Kompost und lassen Sie sich den letzten Prüfbericht zeigen.

▷ **Fertigerden** (möglichst torffrei) in Säcken gibt es in Garten- und Agrarmärkten. Universalerden auf der Basis von Rindenhumus eignen sich für die meisten Pflanzenkulturen. Auch hier sollte ein RAL-Zeichen aufgedruckt sein. Noch sicherer ist es, nur Bio-Erden mit anerkanntem Biosiegel (z. B. Bioland) zu verwenden. Fragen Sie am besten die nächstgelegene kontrolliert biologisch arbeitende Gärtnerei nach ihrem Lieferanten.

▷ **Bentonit** ist ein Bioprodukt und in der Regel auch nur über den Fachhandel zu bekommen. Das Gleiche gilt für andere Zuschlagstoffe wie Gesteinsmehle oder Algenkalk, die mit weiteren wichtigen Spurenelementen angereichert sind.

Hochbeete nach dem Hügelbeetprinzip?

Hügelbeete sind zwar erhöhte Beete, durch ihre konische Form jedoch alles andere als rückengerecht. Die Arbeitshaltung am Hügelbeet kann sehr rückenschädlich sein. Daher hat man versucht, das Hügelbeetprinzip in einen rückenfreundlichen Kasten zu zwängen, und nannte es Hochbeet. Wie man von Hügelbeeten jedoch weiß, sacken diese aufgrund der Rotte binnen zwei bis drei Jahren auf etwa die Hälfte ihrer ursprünglichen Höhe zusammen. Das bedeutet, dass man sich tief hinunter in den Beetkasten bücken muss und die Pflanzen im dritten Jahr tief unten im Hochbeet sitzen und kaum noch Licht bekommen. Man müsste das Beet also wieder neu aufschichten, was eine ziemliche Arbeit bedeutet. Ein erneutes Aufschichten obenauf würde außerdem bedeuten, dass die feine Substratschicht nach unten gerät, wo sie von den Pflanzenwurzeln nicht erreicht wird.

Wer trotz dieser Nachteile nach dem Hügelbeetprinzip aufschichten möchte, sollte Hochbeete aus Holz bauen, deren Rand in der Höhe angepasst wird, indem man die Lattenreihen nach und nach abnehmen kann. So können am Anfang niedrige Nutzpflanzenkulturen in einem hohen Beetkasten angebaut werden, im nächsten und übernächsten Jahr höhere Pflanzen in einem niedrigen Kasten. Besonders praktisch wird das Beet, wenn man ein zweites danebenstellt, das man mit den herausgenommenen Latten des ersten bestückt und mit im Garten anfallendem Material auffüllt. Kommt noch ein dritter Beetkasten hinzu, kann man eine Fruchtfolge bzw. Wechselbepflanzung mit Nutzpflanzen unterschiedlichen Nährstoffbedarfs und unterschiedlicher Höhe in den drei Erden betreiben.

Kompostwürmer im Hochbeet

Der Mist- oder Kompostwurm *(Eisenia foetida)* kann in einem Hochbeet gute Dienste leisten, das nach dem Hügelbeetprinzip mit viel organischem Material aufgeschichtet wurde. Mit eigenem halbverrottetem Kompost wird man ihn in der Regel sowieso in Form von Eiern einschleppen. Ist das Material weitgehend zersetzt, muss er aber auch wieder auswandern können und sich neues Material suchen. Das kann er nur, wenn in der Nähe ein Kompostbehälter mit frischem Material steht.

Da im Hochbeet eine schnelle Sackung des Materials jedoch unerwünscht ist, sollte man alles, was die Rotte beschleunigt, eher vermeiden. Es sei denn, man will das Hochbeet jeden Herbst mit frischem, organischem Material auffüllen und im Frühjahr mit Starkzehrern wie z. B. Kürbissen bepflanzen. In solch einem Kompostbeet leistet der Wurm wertvolle Dienste. Steht immer ein zweites Hügel- bzw. Kompostbeet oder ein frisch gefüllter Komposter daneben, können die Würmer in lockerem Boden unterirdisch hin und her wandern.

Die Bepflanzungsmöglichkeiten

Bei der Bepflanzung der Hochbeete denken die meisten Menschen an Salat und Gemüse. Es gibt jedoch kaum eine Pflanze, die man nicht in ein Hochbeet setzen kann, außer natürlich große Bäume. Viele Stauden und Zwerggehölze wirken sogar erst richtig, wenn man sie etwas näher vor Augen hat. Hier wird man Einzelheiten entdecken, die man bei der Bodenpflanzung nur auf den Knien hockend wahrgenommen hätte. Das Gleiche gilt für den Duft vieler Kräuter und Blüten. Ohne sich bücken zu müssen, wird man ihn besser riechen und öfter genießen. Und auch der Tastsinn kann viel öfter angesprochen werden. Im Vorbeistreifen wird man die Blätter der Pflanzen berühren und zwischen den Fingern reiben. Und auch schmackhafte Beeren »wachsen« einem viel besser aus Hochbeeten in den Mund.

Ob Nutz- oder Zierpflanze, ob Blüte, Frucht, Blatt, Stängel oder Wurzel, ob Aussehen, Duft oder Geschmack – jede Pflanze, die im Hochbeet näher an Hand, Auge, Nase und Mund heranrückt, wird leichter entdeckt, einfacher erreicht und häufiger genossen.

Bei der Planung eines Hochbeetes ist es daher vor allem wichtig zu wissen, was man dort hineinpflanzen möchte. Zumindest die Entscheidung, ob es sich um Zier- oder Nutzpflanzen handeln soll, muss man vorher treffen. Natürlich kann man auch erst einmal die Beete bauen und sich anschließend eine Bepflanzung überlegen, wird dann aber an Grenzen stoßen. Denn nicht nur die Substrathöhe und -zusammensetzung wird durch die Pflanzenwahl bestimmt, auch das Aussehen des Beetes sollte zu den Pflanzen passen. So sieht eine Pflanzung mediterraner Gewürze in einem Hochbeet aus hellem Stein einfach harmonischer aus als in einer Holzkiste, während es bei Salat und Möhren eher umgekehrt ist.

Neben dem Aussehen des Beetes ist auch seine Größe entscheidend. Man muss den Platzbedarf der gewünschten Kultur berücksichtigen, der bei Nutzpflanzen wiederum von der Größe der Familie und deren Essgewohnheiten abhängig ist.

Und als drittes wichtiges Kriterium gilt die Höhe der Pflanzen, sodass man zum Beispiel die reifen Tomaten im Hochbeet später nicht mit der Leiter ernten muss.

Wenn Sie sich für eine Pflanzenkultur und die dazu passende Größe und Bauart für das Hochbeet entschieden haben, heißt das natürlich nicht, dass Sie immer das Gleiche darin anpflanzen müssen. Jedes Hochbeet lässt sich jederzeit umwidmen, indem Sie das Pflanzsubstrat anpassen oder austauschen. Trotzdem sollten Sie nicht planlos drauflos bauen, denn gerade am Anfang, wenn man noch nicht viel Erfahrung mit Hochbeeten hat, ist eine gute Planung unerlässlich. Dazu gehört neben der Wahl des richtigen Standortes für die gewünschten Pflanzen (siehe Seite 33) auch das Wissen um die vielen Möglichkeiten und Vorteile von Hochbeeten als Gestaltungselemente im Garten.

Ein tieferliegender Sitzplatz wird durch Hochbeete, die mit Duftpflanzen, aromatischen Kräutern oder Beerenobst bepflanzt werden, erst richtig schön.

Tipp *Neben den Einzelheiten der Pflanzen sehen Sie auch die vielen kleinen Tiere besser, seien es Nützlinge oder sogenannte Schädlinge. Aber auch Pflanzenkrankheiten können Sie früher entdecken, wenn das Beet Ihren Augen näher ist.*

Mögliche Kulturen für Hochbeete

Kulturen	Größe des Beetes	Höhe* des Beetes	Bemerkungen
Alpine Raritäten	klein bis groß	hoch (75 – 100 cm)	mit Steinen und Zwerggehölzen kombinieren
Frühkulturen	klein bis mittel	hoch (75 – 100 cm)	Glasabdeckung gleich mitkonstruieren
Gemüse	mittel bis groß	hoch (75 – 100 cm)	in Mischkultur und Fruchtwechsel mit Salaten und Küchenkräutern
Küchenkräuter	klein bis mittel	hoch (75 – 100 cm)	auch in Mischkultur mit Salaten
Mediterrane Kräuter	klein bis mittel	niedrig bis hoch (40 – 100 cm)	auch in Kombination mit Zwerggehölzen
Minzen	klein bis mittel	niedrig bis hoch (40 – 100 cm)	gegebenenfalls Wurzelsperre
Salate	mittel bis groß	hoch (75 – 100 cm)	in Mischkultur und Fruchtwechsel mit Gemüse und Küchenkräutern
Schnittblumen	mittel bis groß	niedrig (40 – 60 cm)	mit immergrünen Gräsern für den Winter kombinieren
Stauden	klein bis groß	niedrig bis hoch (40 – 100 cm)	Höhenstaffelung der Stauden wie in flachen Beeten
Tomaten	mittel bis groß	niedrig (40 – 60 cm)	Schutzdach gleich mitkonstruieren
Wasserpflanzen, Sumpfpflanzen	klein bis groß	niedrig bis hoch (40 – 100 cm)	Wassereinspeisung mitbauen, auf Substratschicht verzichten

*Höhe: hohe Beete sind im Stehen zu pflegen, niedrige Beete sind im Sitzen zu pflegen

Nützliches und schönes Zubehör

Nutzpflanzen sind besonders pflegebedürftig. Auch wenn wir sie im Hochbeet wesentlich bequemer und rückenschonender betreuen können, bleibt noch eine Menge Arbeit, vom Säen und Pflanzen, dem Wässern und Düngen, dem Mulchen und der Schädlingskontrolle bis zum Ernten. Doch auch hier sind sich alle Hochbeetbesitzer einig: Die Arbeiten sind viel leichter und einige entfallen ganz, wie z. B. das Schneckenbekämpfen. Einzig der Gießaufwand ist in Hochbeeten etwas höher, denn der Boden kann sich aufgrund der Drainageschicht nicht von unten her vollsaugen. Mit praktischen Konstruktionen und Techniken kann man sich diese und andere Arbeiten aber enorm erleichtern. Wer von vornherein richtig plant, baut sich das Hochbeet in der Nähe einer Wasserquelle, damit er die Gießkannen nicht weit tragen bzw. den Schlauch nicht lange ausrollen muss. Oder er baut sich eine automatische und sparsame **Tröpfchenbewässerung** gleich mit in die Beete ein.

Wollen Sie das Jahr möglichst gut für den Anbau von Nutzpflanzen nutzen, planen Sie Ihr Hochbeet am besten passend zu einer mobilen **Frühbeetabdeckung**. Ist diese hoch genug, kann sie auch noch im Sommer empfindliche Kulturen wie Paprika oder Nachsaaten schützen (siehe Seite 116). Wer lieber mit **Folientunneln** arbeitet, sollte die Maße des Beetes darauf abstimmen. Wenn man an den Innenseiten der Beetkästen Ösen für die passenden Drahthalter montiert, geht das Abdecken ganz rasch vonstatten. An Ösen an den Beetecken kann man **Schutzvliese** für Ansaaten befestigen, höher stehende Eckpfosten lassen dies auch zu, wenn die Kulturen bereits über den Beetrand hinaus gewachsen sind. Hier kann man auch eine **Vogelscheuche** oder ein **Windrad** sicher befestigen. Eckpfosten können auch mit einer **Glaskugel** oder anderen Kunstwerken bestückt oder selbst als Kunstwerke gestaltet werden.

Auch die **Randgestaltung** der Beete sollte nicht vernachlässigt werden. Eine glatte, etwas breitere Abdeckung der Oberkante dient als bequeme Ablage für die Handwerkzeuge, die Gießkanne oder das Erntegut. Gehobelte Bretter schonen die Ärmel und Hände des Gärtners und ein umweltfreundlicher Farbanstrich erhöht ihre Haltbarkeit. Lässt man den Rand nach außen etwas überstehen, hat man einen guten Schneckenschutz (vor den wenigen Schnecken, die sich überhaupt hier heraufwagen). Sollten Sie in einer Gegend mit sehr kletterfreudigen Schnecken wohnen, können Sie an die Unterseite des überstehenden Beetrandes eine L-förmige Metallkante schrauben, die auch die letzten wagemutigen Tiere aufgeben lässt.

Tipp *Schnecken sind in Hochbeeten kein Problem: Zum einen klettern die wenigsten am Beetrand empor, zum anderen sieht man sie hier ganz leicht und kann sie entfernen, bevor sie Schlimmeres angerichtet haben.*

Praktisches Zubehör für Hochbeete

▷ **Frühbeetscheiben:** Der Hochbeetkasten muss schräge Seitenwände haben, Beetausrichtung nach SO oder SW
▷ **Frühbeetkasten:** Hochbeetgröße passend zum Modell wählen, breiter Beetrand zum Abstellen des Kastens nötig
▷ **Folientunnel:** Hochbeetgröße passend wählen, Ösen als Halterung für den Folientunnel am Hochbeetkasten montieren
▷ **Schneckenschutz:** nach außen überstehende Beetrandabdeckung, gegebenenfalls Metallwinkel montieren
▷ **Vogelscheuche:** gegebenenfalls an höher stehenden Eckpfosten des Hochbeetes montieren
▷ **Vliese und Netze:** an höher stehende Eck- und gegebenenfalls auch Zwischenpfosten des Hochbeetes binden. Haken oder Ösen zum Anbinden am Hochbeet anbringen
▷ **Tröpfchenbewässerung:** Wasserleitung am Hochbeetkasten nötig, Steuerung und Ablasshahn für den Winter nicht vergessen
▷ **Hebevorrichtung zum Befüllen:** stabiler hoher Eckpfosten am Hochbeet für drehbaren Kran oder mobilen Flaschenzug

Rückenschonendes Arbeiten

Selbst wenn Sie Ihr Hochbeet nach allen Regeln der Ergonomie bauen, können Sie beim Bau, beim Befüllen, Bepflanzen und Pflegen falsche Körperhaltungen einnehmen und Ihrem Rücken oder den Gelenken damit schaden. Üben Sie deshalb immer wieder eine körperfreundliche Arbeitsweise, nicht nur im Garten, sondern auch im Haushalt oder beim Einkaufen.

Eine wichtige Voraussetzung des ergonomischen Arbeitens ist eine gut trainierte Muskulatur, die zweite Voraussetzung ist die richtige Körperhaltung. Beides kann man lernen, z. B. in Rückenschulen (in Kursen der Sportvereine oder Volkshochschulen sowie bei Physiotherapeuten). Dort bekommt man auch gezeigt, dass die Muskeln ausreichend warm sein sollten, bevor man mit schweren Arbeiten beginnt. Ebenso lernt man Dehnungs- und Lockerungsübungen, die helfen, verspannte oder überanstrengte Muskeln wieder geschmeidig zu machen und zu entspannen.

Viele Hobbygärtner klagen über Rückenschmerzen während und / oder nach der Gartenarbeit. Mit Hochbeeten schalten sie eine Quelle dafür aus, aber es bleiben im Garten noch genügend andere Arbeiten, bei denen man sich bückt. Viele lassen sich vermeiden, z. B. durch aus-

Die richtige Körperhaltung beim Gärtnern hilft, Rückenbeschwerden zu vermeiden.

reichend lange Gerätestiele·oder spezielle Gartengeräte an langen Stielen. Es gibt aber auch Sitz- und Kniehilfen, die auch das Arbeiten am Boden mit geradem Rücken ermöglichen. Meist sind es aber schlechte Gewohnheiten und falsch eingeprägte Arbeitsabläufe, die uns die Gartenarbeit erschweren. Diese abzulegen und umzulernen erfordert ein gewisses Maß an Disziplin und Übung, ist aber gar nicht so schwer. Besonders die vielen, nach ergonomischen Gesichtspunkten neu entwickelten Geräte und Hilfsmittel helfen, manche Arbeiten neu und körperschonender zu erlernen.

Die Pflege der Hochbeete erfordert in der Regel nur Handgeräte, doch auch hier kann man einiges falsch machen. So sollte man nie mit abgewinkeltem Handgelenk arbeiten, sondern dieses immer gerade halten, sodass Unterarm und Hand eine Linie bilden. Dies ist oft nur mit ergonomisch geformten Gerätegriffen möglich, die Sie bevorzugen sollten. Probieren Sie sorgfältig aus, ob der Griff die richtige Dicke für Ihre Hand, mit oder ohne Handschuh, hat. Simulieren Sie die Bewegungen des Bodenlockerns oder Pflanzlochgrabens bereits im Laden.

Auch beim Gießen sollte auf einen geraden Rücken geachtet werden, das gelingt am besten, wenn man in den Knien locker bleibt. Noch rückenfreundlicher wird das Gießen, wenn die Pflanzen im Hochbeet stehen.

Ebenfalls belastend für die Hand sind alle Arten von Scheren, wenn man eine Weile damit arbeitet. Gute Gartenscheren haben einen Rollgriff, der die Überlastung der Sehnen von Handgelenk und Unterarm verhindert. Ihre Handhabung fühlt sich anfangs fremd an, aber man gewöhnt sich schnell daran. Handheckenscheren sollten immer einen Gummipuffer haben, der den Schlag auf die Handgelenke abfedert.

Tipp *Man kann sich an die gerade Handhaltung besser gewöhnen, wenn man anfangs ein Schweißband oder eine Handgelenkmanschette trägt. Der leichte Druck erinnert einen immer wieder daran, die Hand richtig zu halten.*

Bewährte Geräte und Hilfsmittel für die Gartenarbeit am Boden

▷ **Rollhocker/Knie-Sitz-Hocker:**
schont Rücken und Knie durch Arbeiten im Sitzen
▷ **Knieunterlage, Knieschoner:** schont bei knienden Arbeiten
▷ **Greifer:** schont den Rücken, da man sich weniger bücken muss
▷ **Längenverstellbare Gerätestiele:** schonen den Rücken
▷ **Leichtholz- oder Aluminiumstiele:** schonen Arme und Gelenke
▷ **Kehrschaufel am Stiel:**
macht Bücken überflüssig, schont den Rücken
▷ **Gartenkralle:** rückenfreundlicheres Lockern des Bodens als mit Grabgabel und Spaten

Handgeräte und Hilfsmittel für die Arbeit am Hochbeet

▷ **Handhacke:** lockert die oberste Substratschicht
▷ **Handschaufel:** zum Mischen des Substrats im Beet
▷ **Distelstecher:**
für Pflanzlöcher, zum Ausstechen von Wurzelstrünken
▷ **Handharke:** zum Glätten von Substrat und Ziehen von Saatrillen
▷ **Kindergießkanne:** zum Angießen kleiner Pflänzchen
▷ **Eimer:** zum Transportieren und Auffüllen von Substrat
▷ **Haushaltsschere:** zum Ernten von Kräutern
▷ **Sitzhilfe, Hocker:** zum Sitzen an niedrigen Hochbeeten

Hilfsmittel für die körperschonende Gartenarbeit

▷ **Werkzeuggürtel oder -schürzen:**
   ersparen das Suchen und Bücken nach Werkzeugen

▷ **Eimer und Körbe:**
   transportieren alle benötigten Werkzeuge und ersparen Wege

▷ **Tragschlaufen für Kübel:**
   ermöglichen, das Gewicht auf zwei Personen zu verteilen

▷ **Rolluntersetzer für Kübel:** schonen Rücken und Arme

▷ **Flaschenzug für Blumenampeln:**
   erleichtert die Pflege und mindert Unfallgefahr

▷ **Sackkarre/Stapelkarre:**
   erleichtert den Transport schwerer Steine, Säcke und Kübel

▷ **Schubkarre:** erleichtert den Transport von losem Material

▷ **Ergonomisch geformte Gießkannen:**
   schonen Schulter- und Handgelenke

▷ **Pumpen und Schläuche:**
   erleichtern die Bewässerung und schonen den Rücken

▷ **Mulchmaterialien/Mulchfolien und -vliese:**
   machen Unkrautjäten überflüssig

▷ **Flächenkompostierung:**
   macht anstrengende Kompostwirtschaft überflüssig

▷ **Tischbeete/Hochbeete/Bankbeete:**
   schonen den Rücken durch Pflege im Stehen oder Sitzen

▷ **Pflanztische:** schonen den Rücken und die Knie

Tipp *Die meisten Profigeräte sind ergonomisch geformt und zudem von besserer Qualität als die preiswerte Baumarktware. Doch auch die Hobbygerätehersteller bieten mehr und mehr körpergerechte Gartengeräte an. Ergonomisch geprüfte Geräte haben stets das Siegel des unabhängigen Verbandes AGR (Aktion Gesunder Rücken e.V.), siehe auch Seite 152.*

Der Platz im Garten

Jetzt wissen Sie zwar schon eine Menge über Hochbeete und möchten vielleicht am liebsten mit dem Bau beginnen? Doch bitte lesen Sie noch weiter, denn Sie müssen noch den richtigen Platz in Ihrem Garten finden und sich über die Form und Anordnung mehrerer Beete Gedanken machen, denn es ist nicht unwahrscheinlich, dass einem Beet noch weitere folgen werden. Hinzu kommen noch die notwendigen Einrichtungen für Geräte und Bewässerung. Sind diese bereits vorhanden, dann beeinflussen sie auch die Platzwahl für das Hochbeet. Wird der Hochbeetbau als Gelegenheit zu einer Gartenumgestaltung genutzt, kann auch die Infrastruktur wie Wege und Versorgungseinrichtungen neu geplant werden.

Bei der Planung sollte man aber auch die Planung des Bauablaufes nicht vergessen. Besonders wenn Sie mehrere Hochbeete bauen und nicht alle Beetkästen auf einmal bauen (lassen) wollen, müssen Sie überlegen, mit welchen Beeten Sie beginnen, damit Sie sich mit dem ersten Beet nicht den Weg für den Bau weiterer Beete verstellen.

Das Gartenklima und der passende Standort

Wie beim Gärtnern am Boden ist auch bei Hochbeetkulturen das Klima ein wichtiger Standortfaktor. Hier gibt es jedoch einige Faktoren zu beachten, die erst durch die besondere Bauweise entstehen. Stellen Sie also bitte das Hochbeet nicht einfach an eine auf den ersten Blick scheinbar geeignete, sonnige Stelle, sondern setzen Sie sich erst mit den folgenden Standortfaktoren auseinander.

Ein Platz an der Sonne

Wollen Sie Ihre freistehenden Hochbeete für den Anbau von Kräutern, Salat, Gemüse und Obst nutzen, kommt nur ein sonniger Platz im Garten in Frage. Ein wenig Schatten wird von einigen Nutzpflanzen durchaus vertragen, doch die meisten bevorzugen zur Vegetationszeit die volle Sonne an mindestens sechs Stunden pro Tag. Da die Sonne im Sommer recht hoch am Himmel steht, ist die Ausrichtung der Beete nicht von großer Bedeutung. Allerdings können bei der Mischkultur größere Pflanzen kleinere beschatten. Dies kann man aber durch die Anordnung der Pflanzen optimieren und braucht deshalb nicht alle Beete wie Soldaten nach Süden ausrichten. Etwas anderes gilt für angelehnte Hochbeete und solche, die als Frühbeete genutzt werden sollen. Sie müssen immer nach Süden gerichtet sein, damit sie genug Sonnenstrahlen bekommen. Besonders viele Sonnenstrahlen fängt man im Frühjahr bei niedrigerem Sonnenstand durch schräg gestellte Scheiben für Frühkulturen ein.

Hochbeete für Zierpflanzen können auch im Schatten stehen. Hier wählt man die Bepflanzung nach dem Standort aus und nicht umgekehrt. Im Hochbeetgarten sollte man bei der Anordnung der Beete bzw. der Pflanzenwahl darauf achten, dass höhere Pflanzen nicht die anderen Hochbeete verschatten. Beim Bau von Hochbeeten mit 80 bis 100 Zentimeter Höhe wird dies aber nur mit größeren Obstgehölzen oder Stangenbohnen passieren.

Wenn der Wind pfeift

In windigen Lagen stehen Kulturen im Hochbeet zwar exponierter, aber das Substrat ist hier auch besser als am Boden vor Austrocknung geschützt. Man füllt die Beetkästen an diesen Standorten daher nur bis etwa 10 Zentimeter unterhalb des Beetrandes mit Erde und mulcht sie immer gut. Besonders die noch kleinen Pflänzchen stehen hier gut geschützt. Sackt das Substrat im Laufe des Sommers zusammen, sind auch die größeren Kulturen vor Wind geschützt und bekommen dennoch genug Sonne, da diese jetzt mittags höher am Himmel steht. Mit Windschutzhecken kann man einen Hochbeetgarten gut schützen, aber auch die Anordnung der Hochbeete selbst beeinflusst das Mikroklima. Eine halbrunde oder halbkreis- oder U-förmige Anordnung mehrerer Hochbeete mit der Öffnung nach Süden schützt empfindliche Kulturen in der Mitte vor Ost-, Nord- und Westwinden.

Viel oder wenig Niederschlag

Regnet es in Ihrer Gegend viel, haben Sie in Hochbeetkulturen ebenso wenig Gießaufwand wie bei Bodenkulturen. Regnet es wenig, hängt es von der ursprünglichen Bodenbeschaffenheit Ihrer Gegend ab. Bei sandigen Böden kann der Gießaufwand in Hochbeeten mit eigenen Substratmischungen durchaus auch geringer sein. Zuschlagstoffe wie Lehm- und Tonteilchen (z. B. Bentonit) und Kompost erhöhen die Wasserspeicherfähigkeit des Bodens ebenso wie moderne Quellstoffe auf Pflanzenbasis (z. B. Geohumus). Eine Mulchfolie zwischen den Kulturen verringert die Verdunstung und erhöht die Bodentemperatur. Organische Mulchstoffe düngen noch dazu. Und ebenso wie das Mulchen ist auch das Hacken der obersten Bodenschicht im Hochbeet ein Vergnügen und keine anstrengende Tätigkeit mehr.

Muss dennoch ab und zu gegossen werden, ist auch diese Arbeit leichter als am Boden. Gießkannen werden bequem auf dem Rand abgestellt, ohne dass man sich bücken muss. Beim Bewässern mit dem Schlauch bekommt man keine nassen Füße und eine automatische Tröpfchenbewässerung ist schnell und einfach in das Beet gelegt. Aber auch der Schutz vor zu viel Regen ist hier bequemer. Stellen Sie einfach einen Frühbeetkasten auf den Rand des Beetes oder decken Sie den Beetkasten mit Scheiben, transparentem Wellkunststoff oder Ähnlichem ab. Wer die Eckpfosten höher baut oder einen Giebel mit Mittelbalken konstruiert, kann jederzeit eine Folie über das Beet spannen, z. B. für Tomaten (siehe Seite 110).

Vorsicht Bodenfrost

Änderungen des Mikroklimas in Hochbeeten im Vergleich zu Boden-kulturen betreffen hauptsächlich die Bodentemperatur. Sie ist im Sommer höher, da keine Kühlung aus tieferen Schichten erfolgt. Im Winter ist sie niedriger, da der Beetkasten von allen Seiten dem Frost ausgesetzt ist und keine Erwärmung durch tiefere Bodenschichten erfolgt. Ausdauernde Pflanzen mit frostempfindlichen Wurzeln sollten deshalb nur in niedrige Hochbeete ohne Drainageschicht gepflanzt werden, damit sie ihre Wurzeln in den frostfreien gewachsenen Boden versenken können. Die meisten heimischen Gewächse halten nur kurzfristig Frost an ihren Wurzeln aus.

Die Bodentemperatur im Beet ist zum einen abhängig von der Aktivität der Mikroorganismen, die im Winter zwar deutlich langsamer ist, aber nicht zum Erliegen kommt. Zum anderen von der Dicke und Beschaffenheit der Beetwände, wobei einzig dicke Holzwände aus Schwellen wärmedämmend wirken. Die Dämmung funktioniert aber nur, wenn das Holz trocken ist, also keinen direkten Kontakt mit dem Substrat hat. Neben der Verhinderung des schnellen Austrocknens der Beeterde und dem Verrotten des Holzes ist dies ein weiterer Grund, weshalb es lohnt, eine Folie auf den Innenseiten der Beetwände anzubringen.

Je größer der Anteil organischer Stoffe im Substrat, desto wärmer bleibt es im Winter. Eine darunterliegende dicke Schicht strohigen Mistes von Pferd, Kuh oder Schaf verrottet auch im Winter langsam und hält den Boden warm. Hochbeete sind vor spätem Bodenfrost im Frühjahr und frühem Bodenfrost im Herbst sicherer als Bodenkulturen, weil die schwere Kaltluft am Boden bleibt. Allerdings spielt hier die Topologie des Geländes ebenfalls eine wichtige Rolle. Schon eine ganz leichte Hangneigung lässt bodennahe Kaltluft abfließen, während Hindernisse zum Aufstauen der kalten Luft führen können. Doch für die Pflanzen im Hochbeet ist das Mikroklima in ihrer direkten Umgebung viel wichtiger als das Wettergeschehen im Garten. Mit wenigen einfachen Maßnahmen lassen sich die mikroklimatischen Bedingungen zugunsten des Pflanzenwachstums ändern.

Tipp *Ein weiterer Vorteil von Hochbeeten ist, dass die Qualität der im Garten vorhandenen Erde keine Rolle spielt. So braucht man den für übliche Beete wichtigen Standortfaktor Boden nicht berücksichtigen.*

So beeinflussen Sie das Mikroklima in Ihrem Hochbeet

▷ **Sonnenlicht:** Erhöhung der Reflexion durch Weißen der Mauer bei angelehnten Beeten; Minderung durch Schattierungen

▷ **Nächtliche Abstrahlung:** Minderung der Abstrahlung durch Abdecken mit Vlies, Folie oder Scheiben

▷ **Wind:** Erhöhung der Windwirkung durch exponiertere Lage gegeben; Minderung durch Standortwahl, Bepflanzung unterhalb der Beetkante, Abdeckung mit Frühbeetkästen, Folie oder Vlies

▷ **Niederschlag:** Erhöhung durch künstliche Bewässerung; Minderung durch Bedachung mit Glas oder Folie

▷ **Temperatur:** Erhöhung durch Abdecken mit Vlies, Folie oder Scheiben; Minderung durch Schattierung, dichte oder abgestufte Bepflanzung

▷ **Bodentemperatur:** Erhöhung im Winter durch dunkles Substrat, Mulchfolie, Mistpackungen, dunkle und wärmedämmende Beetwände; Minderung im Sommer durch helle und wärmedämmende Beetwände, dichte Bepflanzung, helles Mulchmaterial

▷ **Bodenfeuchte:** Erhöhung durch Mulchen, Anpassung des Substrates, Hacken der obersten Bodenschicht, dichte Bepflanzung; Minderung durch Bedachung, Anpassung des Substrates, gute Drainage, Pflanzung durstiger Pflanzen

Form und Anordnung der Hochbeete

Da einem Hochbeet oft noch weitere Hochbeete folgen, ist es sinnvoll, sich frühzeitig über die Anordnung der Beete und die dazwischenliegenden Wege Gedanken zu machen. Damit sich freistehende Hochbeete optisch ansprechend in den Garten einfügen, sollten bei der Planung nicht nur Stil, Farbe, Material und Bauweise, sondern auch Form und Anordnung berücksichtigt werden. Hochbeete müssen nicht wie wahllos im Garten verteilte Kisten aussehen, wenn man sich an bewährte Garten- und Beetformen erinnert. So werden die Beete in traditionellen Bauerngärten nach dem Vorbild der Klostergärten um einen Mittelpunkt, meist mit zwei sich kreuzenden Wegachsen gruppiert. Diese Form lässt sich auch sehr gut für Hochbeete umsetzen.

In Südfrankreich wird häufig die Form einer Sonne für Kräutergärten benutzt. Hier gruppieren sich die Beete als dreieckige Kreissektoren um ein rundes Beet in der Mitte. Man kann es auch als Halb- oder Viertelkreis sehr schön mit Hochbeeten umsetzen. Bei vielen Gartenbesitzern sind auch Spiralformen beliebt, die man ebenfalls mit mehreren eckigen oder runden Hochbeeten umsetzen kann.

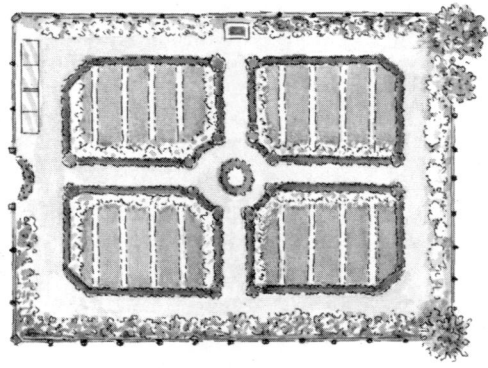

Ein typischer Bauerngarten mit Wegkreuz und Blumenrondell in der Mitte, Buchseinfassung, Kompostplatz und Rosenbogen als Eingang kann als Planungsgrundlage für die Anordnung mehrerer Hochbeete dienen.

Die Form des Hochbeetes ist abhängig von der gewünschten Anordnung, aber auch von der Materialwahl. So lassen sich runde Hochbeete nur schwer aus Holz selbst bauen, allerdings kommt ein Sechs- oder Achteck dem Kreis recht nahe.

Die preiswertesten runden Hochbeete bestehen aus leichten gebogenen PE-Platten (Bezugsquelle siehe Seite 152), ausgedienten Tonnen oder Betonschachtringen (»Kanalringe«), die es in verschiedenen Durchmessern und Höhen beim Baustoffhändler zu kaufen gibt. Letztere kann man direkt vom Lieferfahrzeug aus einfach auf dem ebenen Untergrund abstellen lassen. Der Beton kann bemalt, verputzt, verblendet oder mit Mosaiken verziert werden. Metall- und Kunststoffbeete können mit senkrechten Holzlatten oder Weidenmatten verkleidet werden (siehe auch Seite 65). Runde Beete sehen einzeln oder als höhengestaffelte Gruppe sehr schön aus. Man kann sie auch gut pflegen, da sie keine störenden Ecken und Kanten haben. Werden mehrere Rundbeete angelegt, ist der Flächenverlust durch Wege allerdings größer als bei eckigen Beeten.

Vielecke aus Holz sind anspruchsvoll in der Konstruktion. Es gehören schon einige Erfahrung und gutes Werkzeug dazu, die passenden Winkel zu schneiden. Unsaubere Ecken lassen auch nicht so einfach unter einer L-Leiste verstecken, wie das bei rechten Winkeln der Fall ist. Aus Stein sind Vielecke noch viel schwieriger zu bauen. Auch Dreiecke müssen gut geplant werden. Der spitze Winkel muss jedoch nicht bis zum Ende spitz zulaufend ausgeführt werden, sondern sollte stumpf enden. Das erspart einem später viele blaue Flecken.

Am einfachsten sind rechtwinklige Beete zu bauen, sei es aus Holz oder Stein. Damit sie nicht wie abgestellte Kisten oder gar Särge aussehen, muss man ihre Anordnung im Garten jedoch gut planen.

Die Planung eines ebenen Hochbeetgartens

Zeichnen Sie sich einen maßstabsgerechten Plan (1:100) Ihres Grundstücks bzw. Gartenteiles, das mit Hochbeeten bestückt werden soll. Tragen Sie unbedingt auch die Himmelsrichtung (Nord oder Süd) deutlich ein. Markieren Sie ebenfalls Plätze mit Beschattung von Gehölzen oder Gebäuden. Kopieren Sie diesen Plan mehrmals und entwerfen Sie nun mehrere Varianten: Einen eckigen Hochbeetgarten, einen runden oder eine andere Form, die den Gartenteil optimal nutzt. Achten Sie dabei immer auf die ergonomischen Beetmaße und die notwendigen Wegbreiten! Bedenken Sie auch, welcher Ihr Haupterschließungsweg ist, wo sich Geräteschuppen, Kompost und Wasseranschluss befinden. Gestalten Sie die Mitte des Hochbeetgartens in besonderer Weise: Ein Tisch, ein Wasserbecken, eine Kräuterspirale, eine höhere Solitärpflanze oder ein Pavillon sehen hier besonders schön aus. Beziehen Sie gegebenenfalls auch andere Elemente wie den Geräteschuppen, ein Gewächshaus oder eine Bank mit ein. Überlegen Sie aber auch, wie Sie verschieden

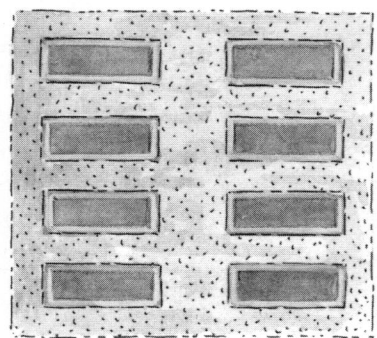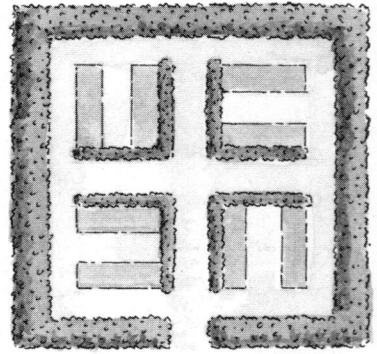

Hier wurde ein quadratischer Teil eines länglichen Gartens für die Nutzpflanzen in Hochbeeten abgeteilt und nach den Vorbildern alter Klostergärten gegliedert. Die Beetkästen müssen nicht alle gleich hoch sein, sondern können je nach Pflanzenhöhe und Pflegeintensität in der Höhe variieren. Nicht alle Wege müssen mindestens 80 cm breit sein, wenn man jeden Beetkasten von einer Seite mit der Schubkarre erreichen kann.

hohe Beete am besten anordnen. Hohe Beete sollten im Hintergrund, niedrige eher weiter vorne angeordnet sein. Hier müssen Sie aber auch die Bepflanzung bedenken: attraktive, empfindliche und oft benötigte Pflanzen eher nach vorne, höhere Pflanzen und Dauerbepflanzung eher nach hinten.

Schreiben Sie sich zu jeder Variante eine Liste der Vor- und Nachteile. Notieren Sie auch, aus welchem Material die Beete bestehen sollen und welche Farben Sie vorgesehen haben. Beziehen Sie das Material und die Farbe von vorhandenen bzw. sichtbaren Gebäuden wie Ihrem

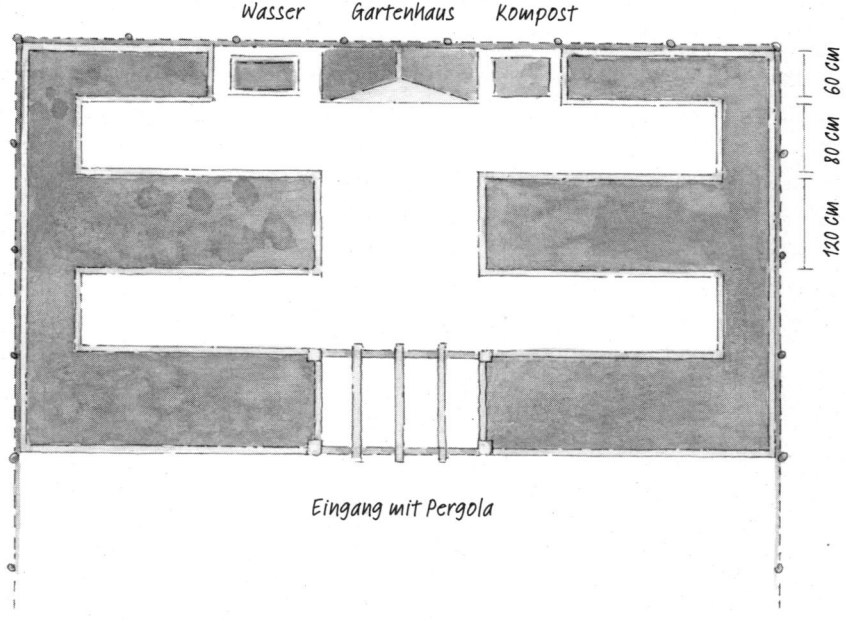

Die U-förmige Anordnung der Beete eignet sich gut für Gärten, deren Hochbeete die Begrenzung zum Nachbarn darstellen. Auf diese Weise kann man auch gut Höhenunterschiede abfangen. Hier plant man am besten das Gartenhaus, den Kompostplatz, Sichtschutz, Spaliere und andere Bauteile gleich mit ein. Überall, wo sie nur einseitig erreichbar sind, dürfen die Beete maximal 70 cm breit sein. Eine begrünte Pergola als Tor zum Hochbeetgarten grenzt diesen Raum optisch vom übrigen Garten ab.

Haus, der Gartenhütte oder Nachbargebäuden mit ein. Mischen Sie nicht zu viele Formen, Materialien und Farben. Eines der drei genannten Gestaltungselemente sollte die Komposition als verbindendes Stilelement zusammenhalten. Notieren Sie ebenfalls, welche Pflanzen Sie für die Kästen vorgesehen haben und überprüfen Sie, ob die geplanten Beete dafür groß genug sind.

Gehen Sie mit Ihren Planvarianten in den Garten und versuchen Sie, sich den Hochbeetgarten vorzustellen. Ist der Platz dafür frei, können Sie Pfosten (etwa 125 Zentimeter lang) an die gedachten Ecken der Beete in den Boden rammen, in der Höhe ausrichten und diese gegebenenfalls mit Dachlatten oder Flatterband verbinden, sodass eine »transparente« Kiste entsteht. Gehen Sie nun zwischen den »Beetkulissen« hindurch, auch mit Schubkarre, Gießkannen und Erntekorb und prüfen Sie so, ob Ihnen die Gestaltung zusagt. Wer von einem höheren Stockwerk bzw. Balkon auf die Fläche schauen kann, sollte die geplanten Beete bzw. Wege mit Gartenschläuchen, Steinen oder Hölzern markieren und sich die Komposition von oben anschauen.

Wer lieber mit Modellen arbeitet, kann kleine Schachteln, Filmdöschen oder Münzen auf einem Plan passenden Maßstabes hin und her schieben, bis sich eine ansprechende und praxisgerechte Anordnung der Beete ergibt.

Tipp *Ein Hochbeetgarten eignet sich besonders gut für das letzte Drittel eines langen schmalen Reihenhausgartens. Wenn der Garten zudem auch noch Gefälle hat, kann man dieses mit Hochbeeten abfangen und damit gleichzeitig eine Begrenzung zum Nachbarn bauen. Eine notwendige Treppe zum Hochbeetgarten sollte man immer mit einer mittleren Fahrspur für die Schubkarre ergänzen. Ein Handlauf ist nicht nötig, wenn die Treppe seitlich von Hochbeeten begrenzt wird.*

Wege – schön und praktisch

Zum bequemen Fahren mit der Schubkarre müssen die Wege mindestens 80 Zentimeter breit sein. Das ist allerdings sehr knapp bemessen und man hat es schwer, um die Ecken zu fahren, sodass man besser mit einer Wegbreite von einem Meter und mehr plant. Neben diesen befahrbaren Hauptwegen darf es auch noch schmalere Zwischenwege geben, damit man zumindest von einer Seite gut an den Beetkasten heranfahren kann. Jedes Beet sollte demnach mindestens von einer Seite an einen Hauptweg grenzen. Beete mit Seitenwänden von weniger als 50 Zentimeter Höhe können allerdings auch mit der Wanne einer Gartenschubkarre »überfahren« werden. Allerdings nur, wenn niedrige Pflanzen bzw. ein breiter Beetrand dies auch zulassen.

Wege sind nicht nur eine Notwendigkeit, sondern auch Gestaltungselemente im Garten. Zwischen Hochbeeten wird ihre Breite von der Ergonomie, ihre Form und der Verlauf von der Form und Anordnung der Beete vorgegeben. Wichtigstes Gestaltungselement ist deshalb der

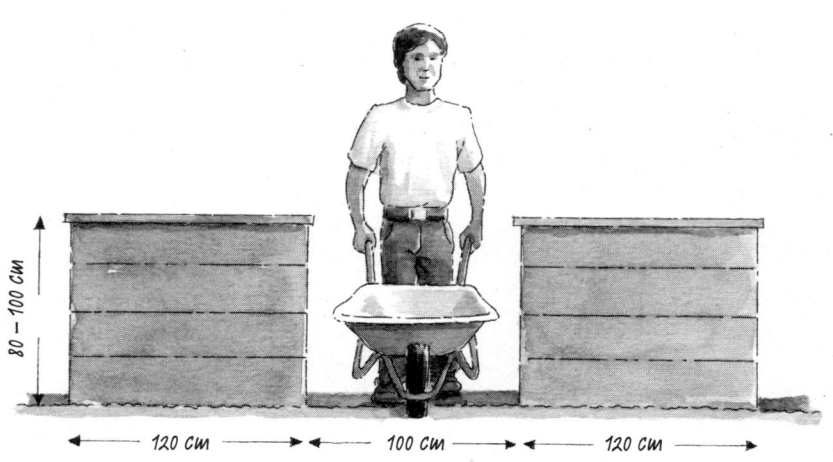

80 cm Wegebreite sind für ein bequemes Arbeiten und Hindurchfahren ausreichend, 100 cm und mehr sind komfortabler.

Wegebelag. Er sollte zum Material des Beetes und zum Gartenstil passen, aber auch zu Ihren Bedürfnissen und Pflegevorlieben. Farbe und Material der Wegedecke können ähnlich wie die Beete sein, dann ist nicht so große Akkuratesse gefragt. Wird das Material kontrastierend gewählt, sollte die Wegeanordnung symmetrisch und akkurat sein. Wählen Sie immer nur ein Material (Stein oder Schüttgut) für alle Wege und Plätze, sonst wird das Bild des Gartens zu unruhig. Die Wege sollen verbindende Elemente sein und daher aus einem Guss. Ein Platz in der Mitte kann aber durchaus mit anderen Steinen eingefasst bzw. gepflastert oder mit Kies bedeckt sein, um den Mittelpunkt besonders zu betonen.

 Tipp *Besonders wenn Sie Ihren Garten auch von oben, z. B. von Balkon oder Terrasse aus, bewundern können, sollten Sie großen Wert auf ordentliche und hübsche Wege legen.*

Sehr hübsch sieht ein runder oder teilrunder Hochbeetgarten mit Beeten in Kreissegmentform aus. Die Wege sollten auch hier mindestens 80 cm breit sein. Werden die Beete wie Tortenstücke angeordnet, sollte die Wegebreite am äußeren Rand mindestens 160 cm und am inneren Rand mindestens 80 cm betragen. Die Beete können auch rechteckig sein, das ist einfacher zu bauen. Hier kann man die großen Zwischenräume am äußeren Rand für niedrige, runde Beete und Pergolapfosten nutzen.

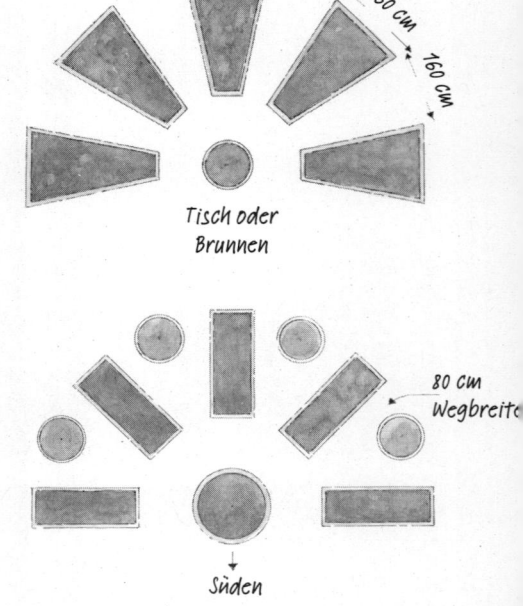

Materialien für den Wegebelag

Material	Vorteile	Nachteile	passt zu
Betonpflaster	große Auswahl, preiswert, als Sickerstein auch ohne Fugen, Quergefälle und Entwässerung verlegbar	Optik selten schön	Hochbeeten aus Beton und Gabionen
Holzhäcksel, Rindenmulch	preiswert, leicht, einfach selbst auszubringen	muss alle paar Jahre aufgefüllt werden	Hochbeeten aus Holz
Natursteinpflaster	schöne Optik, passt zu allen Formen	teuer, schwer zu verlegen	Hochbeeten aus Naturstein und Holz
Rasen	natürlich, preiswert	zwischen den Beeten meist schattig, muss regelmäßig gemäht werden, Beetränder mit Rasenkante nötig	allen Hochbeetmaterialien
Schotter, Kies, Lavabims, Splitt	preiswert, in vielen Farben erhältlich, Ausbesserung einfach	schlecht mit Schubkarre zu befahren	allen Hochbeetmaterialien
Wassergebundener Wegbelag (Kalksplitt, Bessunger Kies, Recyclingmaterial)	preiswert, Ausbesserung einfach	klebt an den Schuhsohlen	allen Hochbeetmaterialien

Bevor man den Wegebelag aufbringt, muss man den passenden Unterbau herstellen. Für reine Fußwege mit Holzhäcksel oder Rindenmulch zwischen den Hochbeeten braucht man in der Regel keinen aufwendigen Unterbau. Je nach Bodenbeschaffenheit reicht es, den Mutterboden zu entfernen, den Rohboden festzustampfen und das Häckselgut etwa fünf Zentimeter dick aufzubringen. Ist der Unterboden sehr lehmig, kann es aber sinnvoll sein, eine Schicht Schotter oder Sand aufzubringen, um stauende Nässe zu vermeiden. Alle mineralischen Bodenbeläge brauchen dagegen immer eine Schotterschicht von 10 bis 15 Zentimeter Höhe, Pflastersteine und Platten zusätzlich eine fünf Zentimeter hohe Splittschicht und außerhalb der Hochbeete auch eine Einfassung. Ist der Boden von Wurzelunkräutern besiedelt, sollte man ein Geovlies unter dem Wegebelag ausbreiten.

Die Wahl des Wegebelags sollten Sie zusammen mit der Auswahl des Beetmaterials und der Beetanordnung treffen. Pflaster und Platten sind schnell zwischen rechteckige Kästen gelegt, wenn man die Beetmaße und Abstände an das Pflastermaß anpasst. Bei allen anderen Beetformen und -anordnungen ist es jedoch viel einfacher, die Wege mit wassergebundener Wegedecke oder Schüttgütern zu versehen.

Rasen eignet sich als Wegebelag zwischen den Hochbeeten nur bedingt und ist sehr aufwendig in der Pflege. Man kann durchaus Hochbeete auf eine vorhandene Rasenfläche stellen, muss aber bedenken, dass es zwischen den Hochbeeten deutlich schattiger wird und das Mähen zwischen den Beetkästen schwierig ist, besonders an den Beeträndern. Abhilfe schafft hier nur eine etwa mindestens zehn Zentimeter breite, bodengleiche Mähkante rund um die Beete, die mit dem Mäherrad überfahren werden kann. Die Verwendung eines Elektromähers kann zudem durch die Kabelführung zwischen den Beeten erschwert sein. Handmäher mit geringer Schnittbreite sind hier meist wesentlich einfacher zu bedienen (und platzsparender in der Aufbewahrung). Pflegefreundlicher Schotterrasen eignet sich hier nur, wenn die Wege viel Sonne bekommen (Ausrichtung nach Süden).

Tipp *Vorhandene Platten sollten Sie nur als Wegebelag verwenden, wenn Sie die Maße genau auf die Zwischenräume abstimmen. Oder Sie legen die Platten erst aus und stellen dann die Beetkästen (mit dem Rand) darauf. Zumindest die Hälfte der Fläche unter dem Beet muss aber frei von Platten oder Pflaster bleiben, damit Regen- und Gießwasser versickern können.*

Hochbeete am Hang

Gärten in Hanglage sind sehr gut für die Errichtung von Hochbeeten geeignet. Hintereinander gestaffelt gebaut, spricht man von Treppenbeeten. Sie unterteilen den Hang in pflegeleichte, ebene Pflanzterrassen. Treppenbeete müssen gut geplant und gebaut werden, was den Laien meist überfordert. Besonders die Anschlüsse an andere Gartenniveaus, Gefälle in zwei Richtungen, die Bodenniveaus angrenzender Nachbargrundstücke sowie die baurechtlichen, statischen und bautechnischen Vorschriften sind einzuhalten. Beauftragen Sie unbedingt einen Gartenarchitekten und/oder Gartenbauer mit der Planung und Ausführung. Meist müssen Sie diese Fachleute aber auf die zu Ihnen passenden ergonomischen Bedingungen für die Pflege der Beete hinweisen.

Als Materialien für Treppenbeete eignen sich L-Steine aus Beton besonders gut, denn sie haben bei hoher statischer Belastbarkeit relativ dünne Wände und lassen sich mit Hilfe eines Baggers recht schnell aufbauen. Natursteine sind viel schöner, aber auch wesentlich dicker, sodass viel Beetfläche verloren geht. Betonsteine mit Natursteinoptik, die entweder verzahnt aufgesetzt oder verklebt werden, sind eine gute, auch vom Laien ohne Maschinen ausführbare Alternative.

Wer sich an den Bau von Treppenbeeten heranwagt, sollte beachten, dass man für die Pflege der nächsthöheren Stufe immer einen Weg von etwa 40 Zentimeter Breite vor der Stützmauer benötigt. Will man diesen mit der Schubkarre befahren, sollte er etwa 80 Zentimeter breit sein. Somit ergeben sich Beettiefen, die sich aus der Dicke der Stützmauer zusammen mit der Beettiefe von maximal 70 Zentimetern und der Wegbreite zusammensetzen. Bestimmend für die Beettiefe ist aber auch der Neigungswinkel des Hanges, sodass Sie die Wegbreiten entsprechend anpassen müssen. Zusammen mit der Terrassierung müssen auch die Wege und Treppen am Hang sowie eine Bewässerung geplant werden.

Auch Treppenbeete müssen fachgerecht mit einer Drainageschicht aus Schotter sowie einer zur Bepflanzung passenden Substratschicht befüllt werden. Hier ist der Einbau eines Vlieses unerlässlich, denn die Drainageschicht dient auch der Ableitung von Hangwasser.

So wird Ihr Hochbeetgarten komplett und rückenfreundlich

Zur einfachen Pflege großer oder mehrerer Hochbeete bzw. eines Hochbeetgartens braucht man auch die passende Infrastruktur. Dazu gehören eine praktische Bewässerung, eine Aufbewahrungsmöglichkeit für Gartengeräte und Hilfsmittel, ein Materiallager, der Kompostplatz, eventuell auch ein Frühbeet, ein Arbeitstisch und nicht zuletzt ein bequemer Platz zum Ausruhen. All diese Bauteile müssen nicht abseits versteckt werden, sondern sollten Bestandteile des Gartens sein. So kann der Arbeitstisch die Mitte des Hochbeetgartens ebenso markieren und schmücken wie ein Wasserbecken oder Brunnen. Das Frühbeet ist am praktischsten als »Wanderbeet« und passt auf mehrere Beetkästen. Die Gerätehütte, der Kompostplatz und der Arbeitstisch können die gleichen Maße haben wie die Beetkästen und sich zwanglos in die Gruppierung einfügen.

Eine hübsche Einzäunung kann die Wirkung eines Hochbeetgartens enorm steigern, denn sie betont den »Garten im Garten«. Man wählt hier dicke Pfosten, die deutlich höher als die Beetkästen sein sollten, damit letztere niedriger und weniger massiv erscheinen. Die Pfostenköpfe kann man schön gestalten, z. B. mit aufgesteckten Tontöpfen, Figuren oder Nistkästen. Will man niemanden aussperren, sondern nur den Einzäunungscharakter schaffen, ist eine Bespannung meist nicht nötig. Doch quer gespannte Drähte oder eingeflochtene Hasel- oder Weidenruten können hier als praktisches und stabiles Spalier für Obstgehölze dienen. Oder Sie pflanzen rund um die Pfosten hohe Bauerngartenstauden oder binden Beerenobststämmchen daran fest. Aber auch eine Obst- oder Zierhecke fasst einen Hochbeetgarten schön ein und bildet auch im Winter einen attraktiven Hintergrund.

Die Einfassung wirkt auch durch die alleinige Betonung der Ecken. So kann man höhere Bauteile wie die Gartenhütte, einen überdachten Sitz- oder Arbeitsplatz, einen schlanken Baum, ein Bohnenstangen-Tipi, ein hohes Spalier oder eine Insektennistwand an den Ecken platzieren, um den Eindruck eines Gartenraumes zu erhalten, in dem die Beetkästen jetzt wie passend arrangierte Möbel aussehen.

Ist Ihr Hochbeetgarten durch höhere Beetkästen bereits eingefasst, kann ein Torbogen diesen Eindruck noch betonen. So kann man die hohen Beete U-förmig anordnen und auf der offenen Seite ein Spalier über dem Eingang montieren. Auch durch die Verbindung hoher Eckpfosten mit Querhölzern kann man einen räumlichen Eindruck, ähnlich einer Pergola schaffen.

 Achten Sie immer darauf, dass höhere Bauten und Gehölze zur Vegetationszeit keinen Schatten auf die Beete mit Nutzpflanzen werfen!

Nützliches Zubehör für den Hochbeetgarten

▷ **Gerätehütte:** sollte ausreichend breit und hoch sein, mit breiter, hoher Tür, mit Vorrichtung zum Auffangen des Dachwassers zum Gießen

▷ **Arbeitstisch:** sollte stabil und wetterfest sein, mit richtiger Stehhöhe und gegebenenfalls mit Stehhilfe zum Sitzen, mit Rückwand zum Aufhängen von Geräten

▷ **Sitzplatz:** sollte eckig oder rund angelegt sein, Bank oder Stuhl-Tisch-Kombination

▷ **Kompostgefäß:** möglichst mit Deckel, Vorderwand möglichst abnehmbar, besser sind zwei Gefäße nebeneinander

▷ **Materiallager:** Einfassung aus Holz oder Stein oder Gefäße mit Deckeln, möglichst neben dem Kompost platziert

▷ **Wassertonne:** aus frostfestem Material, eckig oder rund, sollte den Auslaufhahn in der richtigen Höhe und/oder den richtigen Durchmesser zum Schöpfen haben, möglichst mit bequemer Abstellmöglichkeit für Kannen daneben

▷ **Wasseranschluss:** sollte sich in bequemer Höhe befinden, mit Sockel zum Abstellen der Kanne und Schlauchhalter, mit Ablasshahn für den Winter

▷ **Gartengrenze (Zaun, Sichtschutz, Spalier, Pergola):** mit stabilen dauerhaften Pfosten zum Anbinden von Klettergehölzen, mit hohen Stauden kombinieren, als Obstspalier gestalten

Wer seine Beete rückenfreundlich baut, sollte auch auf die rückenfreundliche Gestaltung der Infrastruktur und Geräte achten. Besonders die Wasserversorgung und der Arbeitstisch sollten nach ergonomischen Gesichtspunkten gebaut werden. Was nutzt das schönste Hochbeet, wenn man sich jedes Mal nach dem Wasserhahn bücken muss? Wasserhähne sind meist zu niedrig angebracht und man muss die Gießkanne zum Befüllen in rückenschädlicher Weise festhalten oder auf den Boden stellen, mit einem Schlauch befüllen und dann wieder anheben. Abhilfe schafft ein kleiner Sockel unter dem Wasserhahn, am besten breit genug, um zwei Kannen zu befüllen bzw. abzustellen. So trägt man auch immer zwei Kannen zum Beet, was wesentlich rückenschonender ist als das schiefe Tragen einer Kanne.

Wassertonnen müssen Durchmesser und Höhen von mindestens 80 Zentimetern haben, damit man die Gießkannen rückenschonend eintauchen und wieder herausholen kann. Zu niedrige Tonnen und solche mit Ablasshahn stellt man auf einen Sockel aus Platten oder Pflastersteinen. Tonnen mit festem Boden kann man so aufstellen, dass sich ein Untertritt für die Füße ergibt. Neben der Wassertonne sollte ein Hocker oder eine Bank stehen, sodass man die Kannen ohne Bücken abstellen und wieder anheben kann.

Falls Sie einen Wasserschlauch benutzen, sollten Wasserhahn und Schlauchaufhängung in rückenfreundlicher Höhe angebracht sein. Einen Schlauchwagen benötigt man in der Regel nicht, denn das unabsichtliche Umknicken von Pflanzen mit dem Wasserschlauch entfällt bei Hochbeeten. Hat man jedoch mehrere Hochbeete, sollte man die Wegeführung dazwischen bedenken und gegebenenfalls eine automatische Tröpfchenbewässerung installieren.

Doch nicht nur der Rücken sollte geschont werden, auch die Handgelenke können bei der Gartenarbeit falsch belastet werden. Da man bei der Hochbeetpflege fast nur noch Handgeräte benötigt, muss man hier auf ergonomische Griffe und die richtige Handhaltung achten.

Hochbeete aus Stein

Wer sich für steinerne Hochbeete entscheidet, schafft dauerhafte Bauwerke, die den Charakter des Gartens ändern. Deshalb muss man hier sehr gut planen und sorgfältig bauen. Ob man sich für Naturstein, Mauersteine oder Beton entscheidet, hängt meist vom Stil des Hauses und des Gartens ab. Natursteinmauern und Gabionen (mit Schotter gefüllte Drahtkörbe) sehen schön aus, benötigen aber auch viel Platz und sind nicht immer preiswert zu haben. Mauer- und Böschungssysteme aus Betonstein sind dagegen schlicht und schmucklos, aber relativ preiswert und können auch vom Laien aufgesetzt werden. Ortbeton kann nur vom Fachmann gegossen werden und ist entsprechend teuer. Große Betonfertigteile sind zwar relativ preiswert, müssen aber mittels Maschinen in den Garten gehoben und vom Fachmann eingebaut werden.

Große steinerne Hochbeete kommen in der Regel als Hangabstützung oder für Treppenbeete in Frage. Der Material- und Bauaufwand ist sehr hoch und man schafft damit dauerhafte Bauwerke, die den Geländeverlauf wesentlich verändern. Diese Arbeiten werden in der Regel von Fachleuten ausgeführt, die über die nötigen Kenntnisse der Statik, Fundamentierung und Drainierung sowie über die notwendigen Maschinen verfügen. Doch sollte man die Wahl des Materials und die Beetmaße niemals dem Architekten, Maurer oder Gartenbauer allein überlassen! Sie müssen die Beete anschließend pflegen, und es ist Ihr Rücken, der dabei schmerzt, wenn das Beet nicht passend für Sie gebaut wurde. Bestehen Sie deshalb immer darauf, dass bei Planung und Ausführung die Regeln der Ergonomie, passend zu Ihren persönlichen Körpermaßen und Gewohnheiten (siehe Seite 13) beachtet werden.

Materialwahl für den Bau

Wichtig für eine Entscheidung, welches Material verwendet werden soll, ist die Frage, ob die Hochbeete dauerhaft am Platz verbleiben oder ob sie gegebenenfalls wieder abgebaut werden sollen. Alle Lösungen, die auch statische Funktionen erfüllen, wie z. B. eine Hangabstützung, müssen dauerhaft sein. Sie werden je nach Hangdruck in gewisser Tiefe einbetoniert. Damit sind sie Bauwerke, die man nicht bzw. nur mit großem Aufwand wieder entfernen kann. Freistehende Beete dagegen können aus demontierbaren Einheiten bestehen. Dies sind entweder Fertigbauteile (z. B. Schachtringe) oder trocken aufgesetzte Mauern aus Natur- oder Betonsteinen.

Materialauswahl für Steinbeete

Steinart	Vorteile	Nachteile
Naturstein		
Ausgewählte, behauene oder gesägte Steine	viele Farben und Größen zur Auswahl, kleinere Formate können selbst aufgebaut werden	teuer, Bau macht viel Arbeit, dicke, meist raue Außenwände
Gabionen	können in vielen Formen vor Ort aufgestellt und selbst mit verschiedenen Gesteinsarten befüllt werden, auch zur Hangabstützung geeignet	breiter und rauer Rand
Palisaden	mehrere Gesteinsarten zur Auswahl, gut zur Hangabstützung geeignet	teuer, müssen einbetoniert werden, stammen meist aus China oder Südamerika (Kinderarbeit!)

Steinart	Vorteile	Nachteile
Mauerstein		
Frostfester Klinker	sehr schöne Optik, dünne Außenwände	Klinker sind schwierig aufzumauern und zu verfugen
Kellersteine	können selbst aufgemauert werden	dicke Wände, müssen verputzt und abgedeckt werden
Natursteine (Pflastersteine)	sehr schöne Optik	hohe Beete nur mit Ringanker möglich, Hinterbeton, sehr teuer, aufwendig im Bau
Beton		
Betonpalisaden	preiswert, können selbst verarbeitet werden	müssen einbetoniert werden
L-Steine, Mauerscheiben	relativ preiswert, dünne glatte Wände, gut zur Hangabstützung geeignet	müssen von Maschinen auf Fundamente gesetzt werden
Mauersysteme	in unterschiedlicher Optik zur Auswahl, leicht selbst aufzubauen, relativ preiswert	zur Hangabstützung ist gegebenenfalls ein Fundament nötig
Ortbeton	kann in alle Formen gegossen und schön verputzt werden	nur mit Moniereisen und Fundament aufzubauen, Bau nur von Fachleuten, daher sehr teuer
Schachtringe (Kanalringe)	preiswert, schnell aufgebaut, wasserdicht, können verputzt und beklebt werden, in vielen Größen und Höhen zur Auswahl	nur mit geeigneten Maschinen zu transportieren

Tipp *Für die Auswahl des richtigen Steinmaterials müssen Sie neben dem Aussehen auch die statischen Bedingungen, die Mauerdicke, den Maschinenbedarf bei Transport und Bau, den Anteil von Eigen- und Fremdleistung sowie den Gesamtpreis für den Hochbeetbau berücksichtigen.*

Hochbeete für kleinere Hangabstützungen können auch vom Laien aus senkrecht stehenden Palisaden (Naturstein oder Beton) gebaut werden. Ihr Nachteil: sie müssen zu einem Drittel der Länge einbetoniert werden. Für die Hangabstützung ist dies eine stabile und dauerhafte Lösung. Auch L-Steine (Mauerscheiben) wird man in der Regel nur für die Terrassierung von Hängen verwenden. Sie sind relativ preiswert und haben nur geringe Wandstärken (etwa acht Zentimeter), müssen aber mit Maschinenhilfe gesetzt werden. Natürlich kann man auch Betonmauern für Hochbeete gießen, dazu in allen gewünschten Formen, doch ist dieses Verfahren sehr teuer und eignet sich allenfalls zur Hangabstützung, wobei auch hier meist Betonfertigteile zum Einsatz kommen. Eine weitere Möglichkeit für steinerne Hochbeete sind Drahtschotterkörbe (Gabionen) aus verzinktem Draht. Sie werden aus Fertigteilen im Garten in unterschiedlichen Formen zusammengesteckt und mit passendem Schotter oder Rundkies gefüllt. Allerdings braucht man für hohe Beete und Hangabstützungen auch hier große Wandstärken (meist 25 bis 50 Zentimeter).

Für freistehende Hochbeete aus Stein eignen sich alle Mauersysteme mit möglichst schmalen Wänden. Mit Mörtel gemauerte bleiben dauerhaft an ihrem Platz, während trocken aufgesetzte Natur- oder Betonsteine auch wieder abgebaut werden können und zudem mit ihren Fugen wertvolle Lebensräume für Tiere und Pflanzen schaffen. Besonders preiswert und demontierbar sind runde Schachtringe, wie sie im Kanalbau verwendet werden. Sie werden einfach nur auf den geebneten Boden gestellt und befüllt.

Tipp *Steinerne Hochbeete kann man auch aus übereinandergelegten Betonschwellen bauen. Leichter geht es mit einem Pfostensystem mit Seitenwänden aus Beton in Schwellenoptik, aus dem man einfach und schnell Hochbeete bis 50 Zentimeter Höhe bauen kann.*

54

Hochbeete aus Natursteintrockenmauern

Wird Naturstein trocken, d. h. ohne Mörtel, aufgesetzt, muss man ausgewählte Steine kaufen oder die Kunst des Behauens beherrschen. Dies kann man in Seminaren zum Trockenmauerbau mit Kalk- oder Sandstein lernen. Anderen Gesteinsarten sind für den Laien meist zu hart und schwierig in der Bearbeitung. Ausgesuchte Mauersteine bekommt man von Steinbrüchen und über den Baustoffhandel. Für die Trockenmauerbauweise eignen sich nur solche Größen, die durch ihr Eigengewicht liegen und dem Druck des hinterfüllten Materials standhalten. Dies bedeutet, dass die Steine für Hochbeete bis etwa 60 Zentimeter Höhe etwa 15 bis 20 Zentimeter Breite und Höhe sowie 30 bis 40 Zentimeter Länge aufweisen. Solche Steine wiegen 25 bis 30 Kilogramm!

Die Steine werden auf ein vorbereitetes, ebenes Fundament aus Schotter ohne Kreuzfugen in drei bis fünf Lagen lotrecht aufeinandergelegt, wobei die unterste Steinreihe etwa fünf Zentimeter unter dem abschließenden Wegeniveau zu liegen kommt. Man füllt die mineralische Drainageschicht beim Bau jeder Reihe mit ein und verkeilt die Steine so mit schmalen Steinkeilen, dass keiner wackelt. Die Ecken des Beetes müssen dabei im Wechsel verzahnt werden. Eine gespannte Maurerschnur an Eckpfosten hilft, die Senk- und Waagerechte einzuhalten, Betrachten aus der Ferne, ein schönes Fugenbild zu schaffen. Die oberste Reihe sollte mit besonders schönen, ebenen Steinen abschließen, damit man sich auf den Rand des Beetes setzen kann.

In solchen Beeten fühlen sich mediterrane Kräuter besonders wohl. Sie wachsen auch im Schotter, wenn er genügend Nullanteile enthält. Man braucht das magere Pflanzsubstrat also nicht vom Drainagematerial mit einem Vlies abzutrennen. Sollen Pflanzen mit höheren Bodenansprüchen darin wachsen, empfiehlt es sich, ein Drainagevlies einzubauen und an den Rändern hochzuschlagen, damit die Pflanzerde beim Gießen nicht in das Drainagematerial und aus den Fugen heraus gespült wird. Da der Rand eines Trockenmauerbeetes sehr breit ist und man bei dieser Bauweise aus statischen Gründen mit handlichen Steinen keine Stehhöhe erreicht, sollte man hier keine pflegeintensiven Pflanzen ziehen. Will man Trockenmauern von etwa einem Meter Höhe bauen,

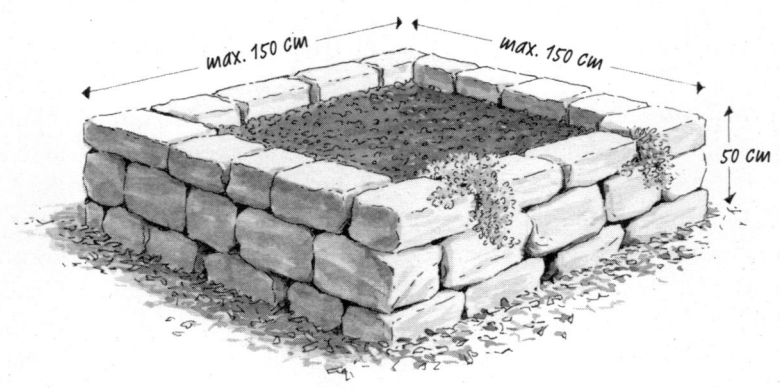

*Trockengemauerte Hochbeete in Sitzhöhe (50 cm) können
ohne Neigung gebaut werden und sind daher rückenfreundlich.
Die maximale Breite von 150 cm erlaubt bequemes Arbeiten.*

braucht man sehr große, schwere Steine, die man mit einer Neigung von zehn Prozent zum Hang hinaufschichten muss. An solchermaßen geneigten Mauern kann man aber nicht mehr rückenfreundlich arbeiten und verliert durch die Wandstärke von 30 Zentimetern und mehr sehr viel Pflanzfläche. Deshalb werden hier nur Hochbeete in Sitzhöhe empfohlen.

Werkzeug- und Materialbedarf

▷ Mauersteine
▷ Fundament- und Drainagematerial (Schotter mit Nullanteilen)
▷ Scharriereisen und Hammer
▷ Maurerschnur und Stangen
▷ Wasserwaage und Zollstock
▷ gegebenenfalls Drainagevlies
▷ Pflanzsubstrat

Tipp *Lassen Sie in der untersten Steinreihe Längsfugen von etwa drei Zentimeter Breite für Amphibien, Reptilien und Hummeln stehen. Schaffen Sie mit Röhren oder Steinresten und Platten als Abdeckung im Beet Gänge und Hohlräume als Unterschlupf, bevor Sie den Schotter vorsichtig darüberfüllen.*

Hochbeete mit Betonsteinsystemen

Einfacher ist der Bau von Hochbeeten mit passgenauen Mauer- und Böschungssystemen aus massiven Betonsteinen oder Hohlelementen. Diese werden als Mauerelemente trocken aufgesetzt oder als Einzelsteine mit Dünnbettmörtel verklebt. Inzwischen gibt es reizvolle Betonsteine und Mauerelemente in verschiedenen Farben und in Bruchsteinmauer-optik sowie dazu passende Abdeckplatten. Die Steine sind zwischen 14 und 25 Zentimeter breit und 18 bis 25 Kilogramm schwer, lassen sich aber durch das passgenaue Format einfach bis zu einem Meter Höhe aufeinandersetzen. Genau wie beim Trockenmauerbau setzt man die Elemente nach der vorher gespannten Richtschnur auf ein gestampftes Schotterfundament. Die Bauanleitung und die statischen Daten muss man immer vom Hersteller erfragen. Bevor man sich für einen Stein entscheidet, sollte man ihn sich auf der Ausstellungsfläche des Steinwer-kes im Mauerverband anschauen und den Aufbau erklären lassen.

Auch hier füllt man beim Aufbau das mineralische Drainagema-terial mit jeder Steinlage ein, damit man nicht den gesamten Schot-ter über den Rand schaufeln muss. Passend zur Bepflanzung wird das Pflanzsubstrat ausgewählt. Ob ein Drainagevlies nötig ist, hängt von den Bodenansprüchen der Pflanzen ab.

Diese Hochbeete eignen sich gut für extensive Bepflanzungen, als niedrige Beete auch zum Sitzen, als angelehnte Hochbeete an Mauern und als Einzel- oder Treppenbeete zur Hangabböschung.

Werkzeug- und Materialbedarf ·

- ▷ Steine (ganze und halbe Steine, Eckelemente, gegebenenfalls Abdeckelemente)
- ▷ gegebenenfalls Dünnbettmörtel und passender Spachtel
- ▷ Drainagematerial (Schotter mit Nullanteilen)
- ▷ Gummihammer
- ▷ Maurerschnur und Stangen
- ▷ Wasserwaage und Zollstock
- ▷ gegebenenfalls Drainagevlies
- ▷ Pflanzsubstrat

Noch mehr Möglichkeiten aus Stein

Hochbeete können aber auch aus unterschiedlichen Steinen gemauert werden.

Beete aus **Kellersteinen** müssen dazu auf eine Sperrschicht aus Dachpappe gestellt und vollständig mit Folie ausgekleidet werden. Benutzt man dazu eine wärmedämmende Noppenfolie oder PU-Matte, ist das Innere der Beete vor kurzen Frostperioden sicher. Kellersteine sind allerdings sehr dick, sodass viel Beetfläche verloren geht.

Schmaler und ebenso frostfest sind **Kalksandsteine** und frostfeste **Klinker**. Sie werden mit Mörtel aufgesetzt und, je nach Beethöhe, mit Moniereisen verstärkt. Einen statisch sicheren Aufbau und den passenden Mörtel sollte man sich von einem gelernten Maurer erklären oder bauen lassen.

Hochbeete lassen sich auch mit **Natursteinen** aufmauern. Hier eignen sich großformatiges Granit- und Porphyrpflaster. Höhere Mauern müssen gegebenenfalls zweireihig und mit Ringanker gebaut werden, auch dies eine Aufgabe für den Fachmann.

Meist ist es wesentlich einfacher, fertige **Betonelemente** mit kleinformatigen Steinen zu verblenden, als mit kleinen Steinen zu mauern und dabei die statischen Anforderungen an ein Hochbeet zu erfüllen.

Neuerdings wird auch ein System angeboten, das aus **Steinpfosten** mit Nut (Eck- und Verbindungspfosten) und relativ dünnen **Steinplatten** besteht, die als Wände in die Nuten geschoben werden. Die Eckpfosten von 75 Zentimeter Höhe werden zu einem Drittel einbetoniert, die Steinplatten von 25 Zentimeter Breite senkrecht zwischen die Pfosten geschoben. Auf diese Weise lassen sich beliebig lange Hochbeete von 50 Zentimeter Höhe bauen. Die strukturierten dunkelbraunen **Wandelemente** erinnern an die seit längerem im Gartenbau verbotenen Bahnschwellen und können auch als Platten ausgelegt werden.

Tipp *Passend zu den Mauer- und Böschungssystemen bieten die Hersteller auch Wegebeläge an. Dies wirkt aber in Kombination mit den Mauern meist zu massiv, sodass farblich passende oder kontrastierende Splittbeläge zu den Betonsteinen meist schöner aussehen (und zudem preiswerter sind).*

Hochbeete aus Gabionen

Gabionen bestehen aus nichtrostenden Drahtgeflechten, die vor Ort aufgestellt und befüllt werden. Sie werden schon seit vielen Jahren zur Abstützung von steilen Böschungen, z. B. in den Alpen, verwendet. Inzwischen gibt es auch zierliche Varianten für den Garten, die man selbst befüllen kann. Diese können rund oder oval, rechteckig oder quadratisch, gerade oder gebogen, als Spirale oder in Wellenlinien aufgestellt und miteinander in beliebiger Länge gekoppelt werden. Je nach Maschenweite werden die Körbe mit verschieden Gesteinsarten in unterschiedlicher Korngröße befüllt. Die passenden Steine werden einfach in die aufgestellten Körbe geschüttet und geben der Konstruktion Stabilität. Das Ausbauchen der Seitenwände wird dabei mit passenden, dazwischen einzuhakenden Drahtklammern verhindert. Man kann verschiedenfarbige Steine mischen oder schöne Steine an die Außenseite legen, sodass sich ein gewünschtes Bild ergibt. Gabionen aus dem Baumarkt sind meist nur 50 Zentimeter hoch, man kann aber

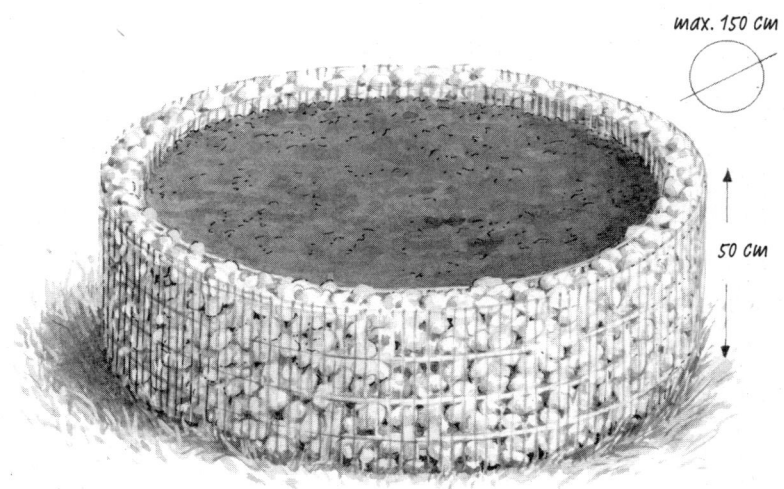

Gabionen sind etwa 50 cm hoch. Wer Stehhöhe erreichen möchte, kann eine zweite, schmalere Gabione auf den ersten Korb stellen, nachdem dieser mit Steinen und Drainagematerial befüllt wurde.

59

auch eine zweite Reihe darüberstellen, wenn die erste Reihe und das Innere des Beetes mit Drainagematerial befüllt wurden. Aus statischen Gründen sollte der untere Korb breiter sein und mit größeren Steinen befüllt werden und der obere Korb schmaler ausfallen.

Als Drainage eignen sich alle mineralischen, wasserdurchlässigen Stoffe. Vor dem Einfüllen des Substrates muss unbedingt eine Teichfolie senkrecht an den Innenrand gestellt werden, damit es nicht später zwischen den Fugen verschwindet.

Nach dem Befüllen kann man den oberen Rand der Gabionen mit größeren Steinen, Holzrosten oder Platten abdecken. Hier kann man bei niedrigen Beeten sitzen, bei hohen etwas abstellen. Man kann den oberen Rand aber auch teilweise als Pflanzfläche im Sommer nutzen, indem man die oberen 10 bis 20 Zentimeter der Gabionen mit einem Streifen aus Drainagevlies ausschlägt und mit einer mageren Mischung aus Lavabims, Sand und Kompost (oder mit fertigem Dachsubstrat) füllt. Hier können dann dauerhafte mediterrane Kräuter wachsen und den Rand schmücken. Genauso kann man aber auch passende Balkonkästen oder frostfeste Übertöpfe (z. B. kleine Zinkeimer mit Abzugsloch) in regelmäßigen Abständen dauerhaft einbauen und im Sommer mit Topfpflanzen bestücken. Besonders nach außen hängende und rankende Arten sehen an den Gabionen sehr hübsch aus.

Werkzeug- und Materialbedarf

- ▷ Gabionen, Aufbauanleitung
- ▷ Zange
- ▷ Füllsteine
- ▷ Drainagematerial
  (gegebenenfalls gleiches Material wie Füllsteine)
- ▷ Pflanzsubstrat
- ▷ Folie (z. B. Teichfolie, 0,5 mm dick)
- ▷ Drainagevlies
- ▷ gegebenenfalls Balkonkästen, frostfeste Übertöpfe,
  Abdeckplatten, Holzroste

Tipp *Wenn Sie die Gesteinsart, -form und -farbe passend zu anderen Bauwerken und / oder dem Wegebelag im Garten auswählen, können die Gabionen sehr dekorativ aussehen. Man kann aber auch vor dem Befüllen dünne Weidenruten waagerecht in das äußere Drahtgitter einflechten. Dann sieht das Beet wie ein großer Korb aus.*

Statt des Gabionenhochbeetes können Sie aber auch ein Hochbeet bauen, dessen Innenwand aus Polyethylenplatten besteht (siehe Seite 65). Hier benötigt man keine Folie und stellt nur ein Drahtgeflecht als Außenwand auf. Der Abstand des Gitters von der Innenwand aus Polyethylen richtet sich nach der gewünschten Steingröße, die aber auch von der Gittergröße abhängig ist. Solch eine Kombination erlaubt eine wesentlich geringere Wandstärke als die üblichen Drahtkörbe. Man braucht weniger Steinmaterial und das Beet lässt sich auch leichter wieder abbauen.

Runde Hochbeete aus Schachtringen

Schachtringe aus Beton sind sehr preiswert und in vielen Durchmessern sowie in den Höhen von 25 Zentimetern, 50 Zentimetern und 100 Zentimetern bei jedem Baustoffhändler zu haben. Sie werden mittels Lastwagen geliefert und mit dessen Kran abgestellt. Sie können das Fertigteil gleich an den passenden Ort stellen lassen, wenn der Lkw dorthin fahren kann.

Durch die dünnen Wände (bei 120 Zentimeter Durchmesser etwa sechs Zentimeter) sind Schachtringe relativ leicht, bei hoher Stabilität. Daher können die Schachtringe auch auf den Seitenwänden abgestellt und dann von zwei Erwachsenen zum Ort ihrer Bestimmung gerollt werden. Dort kann man sie relativ einfach umdrehen. Der Boden muss dazu vorher geebnet werden oder man hebt den Ring anschließend mit einer Brechstange an und unterfüttert ihn mit Steinen, bis er gerade steht. Eine vorher ausgelegte Gärtnerfolie (aus wasserdurchlässigem

Mit Fliesen, Kieselsteinen, Bändern, Weidenruten oder anderen Dekomaterialien werden aus schlichten Schachtringen wahre Schmuckstücke im Garten.

Stäbchengewebe) ist relativ glatt und erlaubt das Verrücken der schweren Ringe. Sie verhindert gleichzeitig das Durchwachsen von Unkräutern, sollte aber nur benutzt werden, wenn auch die Bepflanzung nicht im gewachsenen Untergrund wurzeln muss. Werden Schachtringe 30 bis 50 Zentimeter tief in das Erdreich eingegraben, stellen sie eine gute Wurzelsperre für Pflanzen dar, die unterirdische Ausläufer bilden (z. B. viele Bambus- oder Minzearten).

Schachtringe können auch aufeinandergesetzt werden, denn der Stufenfalz an den Enden verhindert ein Verrutschen. Eine Höhenanpassung kann man mit Endstücken von vier, sechs, acht oder zehn Zentimeter Höhe vornehmen. Diese haben eine glatte Seite, sodass ein gerader Abschluss entsteht. Die Außenseite der Schachtringe ist schlicht, relativ glatt, hellgrau und wirkt modern. Wem das zu nüchtern erscheint, kann sie ganz oder teilweise streichen, verputzen, verschalen, mit Kleinpflaster, Riemchen, Fliesen oder Kieselsteinen bekleben. Die Materialien müssen aber immer feuchtigkeitsresistent sein und frostfest verklebt und verfugt werden. Eine weitere Gestaltungsidee ist das Ummanteln mit Ruten (Hasel, Weide), sodass der Schachtring wie ein großer Korb wirkt. Oder man stellt einen rostfreien Vogeldraht (»Kaninchendraht«) im Abstand von drei bis fünf Zentimetern um den Schachtring herum auf und füllt den Zwischenraum mit Steinen, sodass er wie eine Gabione aussieht. Niedrige Pflanzringe, z. B. für Obststämmchen, kann man auch mit einer schmalen Buchshecke umpflanzen.

Im Innern der Beete braucht man keine Folie, da die »Kanalringe« keine Feuchtigkeit durch die Wände hindurchlassen.

Stellt man mehrere runde Beete als Gruppe zusammen, kann das sehr hübsch aussehen. Ein weiterer, am Boden abgedichteter Schachtring kann als Schöpfbecken (»Brunnen«) dienen, ein schmaler Ring

Tipp *Wenn Sie den Schachtring mit dickerem Material verkleiden wollen, sollten Sie am Fuße des Beetes einen unverkleideten Sockel von zehn bis 20 Zentimeter Breite frei lassen. So kann man zum einen besser am Beet stehen, zum anderen kann keine Bodenfeuchtigkeit unter das Dekorationsmaterial kriechen.*

mit aufgelegter Platte als Tisch. Man kann hohe und niedrige, kleine und große Beete miteinander kombinieren und die verschiedensten Pflanzenarten darin unterbringen.

Sowohl zufällig wirkende, höhenabgestufte Gruppen als auch zu einem Muster angeordnete Beete sehen sehr gut aus. Besonders einfach ist das Aufstellen mehrerer Schachtringe, wenn die Fläche bereits geebnet und für den Wegebau vorgesehen ist (z. B. auf einer verdichteten Schotterfläche). Hier braucht man nur anschließend das gewählte Material wie z. B. Kies, Recyclingmaterial oder Holzhäcksel aufzubringen. Sollen die Hochbeete auf eine bereits gepflasterte Fläche gestellt werden, müssen an den betreffenden Stellen unter den Beeten genügend Steine (mindestens die Hälfte der Fläche) entfernt werden, damit das Wasser aus den Beeten direkt in den Untergrund abfließen kann.

Die Befüllung der Beete ist sehr einfach: Man braucht keine Folie im Innern und kann sogar auf den Kaninchendraht gegen Wühlmäuse verzichten, wenn die unterste Drainageschicht aus grobem, mineralischem Material besteht.

Tipp *Die üblichen halbrunden Pflanzringe aus Leichtbeton werden hier nicht für den Hochbeetbau empfohlen, weil sie den Garten selten optisch bereichern, vor allem aber unergonomisch sind und außerdem die Anforderungen an einen pflanzengerechten Standort kaum erfüllen können.*

Werkzeug- und Materialbedarf

▷ Schachtringe, gegebenenfalls Abschlussringe
▷ Holzkeile zum Stoppen rollender Schachtringe
▷ Brechstange zum Anheben
▷ flache Steine zum Unterkeilen
▷ Wasserwaage (gegebenenfalls auch Richtlatte) zum Ausrichten
▷ mineralisches Drainagematerial und Vlies oder organisches Material und Kaninchendraht
▷ Pflanzsubstrat

Leichter als Stein und Beton

Wenn Sie Ihren Garten häufig umgestalten oder öfter umziehen, können leichte Materialien wie **Kunststoffe** eine gute Wahl für den Hochbeetbau sein. Diese lassen sich in verschiedenen Formen und ohne Werkzeug leicht aufbauen und bei einer Umgestaltung oder einem Umzug auch wieder einfach demontieren. So werden doppelwandige braune Kunststoffelemente aus Recyclingmaterial angeboten, die man aneinanderreihen und bis zu einer Höhe von 65 Zentimetern stecken kann. Leider sehen sie aber nicht besonders ansprechend aus, vor allem aber ist ihre geringe Höhe nicht in jedem Falle rückengerecht.

Eine andere Möglichkeit sind **Polyethylenplatten,** die zu runden Hochbeeten bis ein Meter Höhe und unterschiedlichen Durchmessern einfach zusammengesteckt werden können. Die schwarzen, nur zwei Millimeter dünnen Platten gewährleisten lange Haltbarkeit bei geringstem Materialbedarf und optimaler Beetausnutzung. Man kann sie optisch verkleiden, indem man sie einfach mit Bambus- oder Weidenmatten ummantelt oder (vor dem Befüllen) senkrechte Holzlatten mit Schattenfugen von innen anschraubt.

Oder man stellt um das Hochbeet herum einen verzinkten Draht (»Vogel- oder Kaninchendraht«) im Abstand von drei bis fünf Zentimetern auf und befüllt den Zwischenraum mit passendem Rundkies oder Schotter (siehe Seite 133). Wenn man die dünnen Platten zum Teil eingräbt, kann man auch andere Beetformen bauen, z. B. ovale oder wellenförmige Beete (siehe Seite 125). Zudem lassen sich auf diese Weise einfache Wurzelsperren herstellen. Bei diesen und allen anderen Kunststoffbeeten braucht man natürlich keine Folie im Innern der Beete.

Noch preiswerter sind **Gewebesäcke** mit Drahtring, die als Laubsäcke angeboten werden. Hier schneidet man kleine Löcher in den Boden und befüllt sie am Standort mit Dränagematerial und Substrat, dazwischen Vlies, damit sich die Materialien nicht vermischen. Das Befüllen geht recht einfach, wenn man den Drahtring in passender Höhe festklemmt oder von einem Helfer herunterdrücken lässt. Da das Gewebe offenporig ist, muss hier allerdings viel gegossen werden.

Auch **Metall** kann für Hochbeete verwendet werden. So gibt es bereits fertige runde Metalltonnen, die aus drei Teilen zusammengebaut werden. Ein anderer Hersteller bietet eckige Beetkästen aus Trapezblechen in unterschiedlichen Farben an, ein weiterer quadratischer Edelstahlbehälter (siehe Bezugsquellen Seite 152).

Doch Sie können auch auf die Suche nach großen, ausrangierten Gefäßen gehen, die man allerdings vorher gut säubern muss. Alte Zinkwannen können zu rückengerechten Hochbeeten werden, wenn man den Wannenboden perforiert und die Gefäße aufbockt. Auch große **Tonnen** oder **halbierte Weinfässer** können als Hochbeete genutzt werden. Eine Gruppe von solchen Hochbeetgefäßen kann im Garten sehr witzig aussehen, wenn man sie schön arrangiert.

Der Übergang vom Kübel zum Hochbeet ist fließend. Als Kübel bezeichnet man alles, was einen Gefäßboden hat und als Ganzes bewegt werden kann, doch sind große bepflanzte Kübel meist genauso unbeweglich wie stationäre Hochbeete. Hochbeete aus Metall- oder Kunststoffelementen können hingegen leicht wieder auseinandergenommen und transportiert werden, da sie keinen Boden haben. Hier muss das Füllmaterial, im Gegensatz zum Kübel, noch nicht einmal mühsam herausgeschippt oder -gekippt werden, sondern es bleibt als Haufen an Ort und Stelle liegen.

Tipp *Leicht demontierbare Hochbeete in Elementbauweise können auch mit einer Befüllung im Hügelbeetprinzip verwendet werden. Hier baut man entweder die obersten Reihen nach und nach ab (bei übereinandermontierten Kunststoffelementen) oder man entfernt das gesamte Wandmaterial, stellt es daneben wieder auf und beschickt es von neuem.*

Hochbeete aus Holz

Holz ist ein relativ leichter Werkstoff, der sich gut für den Eigenbau von Hochbeeten eignet. Es lässt auch in kleine Reihenhausgärten, notfalls auch durch das Haus hindurch, transportieren, man kann es passend zuschneiden lassen und hat meist das nötige Werkzeug zuhause. Doch leider werden auch von handwerklich versierten Laien viele Fehler bei Materialwahl und Bau gemacht, die eine langanhaltende Freude am Hochbeet trüben können. Sie reichen von der Verwendung von ungeschälten Fichtenstämmen über druckimprägniertes Holz bis zu nach einigen Jahren faulenden Brettern und Eckpfosten. Damit Sie kein unnötiges Lehrgeld bezahlen, sollen hier die wichtigsten Voraussetzungen für den Bau eines stabilen und langlebigen Hochbeets aus Holz zusammengefasst werden. Die genauen Bauanleitungen für verschiedene Konstruktionen finden Sie in den nachfolgenden Kapiteln.

Beim Bau kann man grob zwei Konstruktionen unterscheiden: Die selbsttragende Blockbauweise aus Rundholz oder Schwellen und die Holzständer- oder Rahmenbauweise mit Pfosten und Seitenwänden.

Die Blockbauweise braucht viel Material, ist aber auch sehr stabil und bei geeigneter Holzart jahrzehntelang haltbar. Der Bau ist im Prinzip sehr einfach, erfordert aber Kraftaufwand und gegebenenfalls auch Helfer. Die Schwellen oder Rundhölzer müssen in der Regel angeliefert werden. Wenn Sie keine geeignete Säge haben, sollten Sie das Holz bereits passend zuschneiden lassen. Mit der Blockbauweise kann man auch Hänge abstützen bzw. terrassieren.

Die Rahmenbauweise spart Material, erfordert aber auch Kenntnisse der Konstruktion. Sie eignet sich nur für freistehende Beete. Schwachpunkte sind hier die Eckpfosten, die möglichst aus Hartholz sein sollten. Nimmt man stattdessen geeignete Metallprofile, kann man die Seitenwände oder -bretter austauschen und so die Haltbarkeit des Beetes verlängern. Je nach Rahmenkonstruktion ist der Bau einfach bis anspruchsvoll.

Materialwahl für den Bau

Bei der Materialwahl muss man unterscheiden zwischen den Holzmaßen und den Holzarten. Viele Hölzer gibt es nur in ganz bestimmten Maßen und Längen als Konstruktionsholz oder Fertigteil, ungehobelt oder gehobelt, gefast oder ungefast. Je nach Dicke und Maßverhältnis der Kanten zueinander unterscheidet der Holzfachmann unter anderem zwischen Schwellen, Kanthölzern, Brettern, Dielen und Leisten, je nach Bearbeitung zwischen Schnittholz, Hobelware oder Profilholz.

Die Wahl der Holzart muss ebenfalls von Ihnen getroffen werden. Hier spielen Haltbarkeit, Aussehen, verfügbare Holzmaße, Verarbeitungsfreundlichkeit und auch die Herkunft des Holzes eine wichtige Rolle. Als Alternativen zu unbehandeltem Holz, insbesondere zu Tropenholz, gibt es Thermoholz sowie einen Verbundwerkstoff aus Holzspänen und Kunststoff (WPC).

Der Holzfachhandel bietet ausführliche, bebilderte Kataloge mit Maßen und Preisen. Rundholz und Schwellen können auch von einem Sägewerk bezogen werden, oder man bittet einen Zimmermann um Angebote für Zuschnitte. Er kann Ihnen, ebenso wie auch manche Gartenbauer, auch das gesamte Holzhochbeet bauen. Sie sollten aber niemals einfach nur um ein Hochbeet bitten, sondern die Maße, Holzarten und Konstruktionsweise genau vorgeben, damit Sie auch lange Freude an einem für Ihre Körpermaße und Bedürfnisse sowie für Ihren Garten maßgeschneiderten Beet haben.

Tipp *Thermoholz ist bei hoher Temperatur (170 bis 250 °C) »gekochtes«, heimisches Laubholz, z. B. Buche, Eiche, Ahorn. Durch die Umwandlung des Holzfaserbestandteils Zellulose in Lignin kann es nicht mehr so schnell verrotten und ist für den Nass- und Außenbereich verwendbar. Es ist dunkler als die ursprüngliche Holzart und sieht sehr edel aus (nicht verwechseln mit gedämpftem Holz!). Auch hier gibt es meist die üblichen Dielenmaße, allerdings ist das Holz spröder und weniger tragfähig als unbehandeltes Holz gleicher Dicke.*

Materialauswahl für Holzbeete

Material	Vorteile	Nachteile	Bemerkungen
Bretter, Dielen (aus Weichholz)	können gut zugeschnitten und leicht ausgetauscht werden	Weichhölzer verrotten schnell	gute Rahmenkonstruktion nötig
Fichten-stämmchen	preiswert, schnell aufgebaut	breiter Rand, sehr rau, Material verrottet sehr schnell	nur mit innerer Folie verwenden
Hartholz-schwellen (Lärche, Douglasie, Eiche)	schnell aufgebaut, lange haltbar, breiter ebener Rand	relativ teuer, Holz ist mittelschwer bis sehr schwer	kann auch ohne Folie verwendet werden, jedoch mit Folie gute Isolierwirkung des Holzes
Holztafeln	formstabil, einfache Bauweise	ölbehandelt	nur bestimmte Maße möglich
Rundholz (Kiefer, Fichte, Tanne, aus dem Baumarkt)	relativ preiswert, Holz ist leicht, schnell aufgebaut	Material verrottet schnell, druckimprägniertes Material ist Sondermüll	nur mit innerer Folie verwenden
Thermoholz (z. B. Buche)	fest, formstabil, heimisch, gut zu verarbeiten	nur Dielenmaße	spröde, nicht erprobt
Weichholz-schwellen (Kiefer, Fichte, Tanne)	relativ preiswert, Holz ist leicht, gut und schnell aufgebaut	Material verrottet schnell, druckimprägniertes Material ist Sondermüll	nur mit innerer Folie verwenden
WPC (Holz-Kunststoff-Verbundwerkstoff)	fest, gut zu ver-arbeiten, relativ umweltfreundlich	nur Dielenmaße	mehrere Farbtöne zur Auswahl, nicht erprobt

Tipp *Der Verbundwerkstoff* **WPC** *(Wood Plastic Composites) ist eine Mischung aus 50 bis 90 Prozent Holzfasern (heimisches Restholz) und entsprechendem Kunststoffanteil (Polypropylen oder Polyethylen). Er lässt sich genauso bearbeiten wie Holz, ist angeblich dauerhaft wetterfest, splittert nicht und braucht keine Oberflächenbehandlung. Es gibt ihn in Dielenform in den gleichen Maßen und Farben wie andere Terrassendielen. Verwenden Sie nur Material mit Qualitätszeichen. WPC mit Polyetylenanteil kann umweltfreundlich entsorgt werden, sodass es allemal besser ist als giftiges, imprägniertes Holz oder Tropenholz aus Raubbau.*

Neben der gewünschten Holzart müssen Sie sich auch für die Bauweise der Beete entscheiden. Sie sollte zum Stil des Hauses und des Gartens passen, aber auch alle Anforderungen an die Nutzung erfüllen. Wollen Sie die Beete selbst bauen, sollten Sie mit der gewählten Bauweise vertraut sein und das dazu notwendige Werkzeug zur Verfügung haben. Ebenso muss es möglich sein, die Hölzer in den Garten zu transportieren. Es ist aber auch eine Preisfrage, für welche Bauweise man sich entscheidet.

Für den Zusammenbau müssen Sie sich meist noch zwischen fachmännischen Verbindungen (z. B. Zapfen, Holzdübel) oder Verschraubungen mit rostfreien Verbindern entscheiden. Außerdem können Sie viele Verbindungen entweder nageln oder schrauben. Rostfreie Nägel sind preiswerter als Schrauben, lassen sich aber nur schwer wieder entfernen. Alle Teile, die auseinandergenommen oder ausgetauscht werden sollen, müssen deshalb geschraubt werden. Am längsten haltbar sind Edelstahlschrauben und feuerverzinkte Schrauben. Alle anderen Korrosionsschutzverfahren sind auf Dauer nicht wirklich wirksam.

Wenn Sie sich für eine bestimmte Konstruktionsart entschieden haben, sollten Sie mit einer bemaßten Skizze in die Holzhandlung gehen und sich verschiedene Angebote in unterschiedlichen Holzarten unterbreiten lassen. Die Preise sind auch abhängig von den vorhandenen Stärken und Längenmaßen der Hölzer, sodass Sie mit möglichst wenig Abschnitt kalkulieren sollten. So können sich leicht andere Beetmaße als geplant ergeben, allerdings sollten Sie sich dabei immer an die für Sie ergonomisch sinnvollen Maße halten.

Konstruktionsholz für die Blockbauweise

Fichtenstämme sind für wenig Geld zu bekommen oder fallen bei Umgestaltungsmaßnahmen im Garten an. Sie werden einfach aufeinandergelegt, wobei man die dünneren und dickeren Stammabschnitte im Wechsel aufeinanderlegt. Stabil wird der Beetkasten nur, wenn man die Ecken miteinander verbindet. Dabei werden verschiedene Techniken aus dem Blockhausbau wie die Sattelkerbe, die Rundkerbe, Überblattung und Schwalbenschwanz unterschieden. Wer sich für diese Bauweise entschließt, sollte mit einer Kettensäge umgehen können. Nägel und Schrauben sind bei fachgerechtem Aufbau nicht nötig. Die Beete halten allenfalls einige Jahre, denn die Fichtenstämme faulen schnell. Mit einer Folienauskleidung und einer Reihe Steine unter der ersten Stammlage kann man die Verrottung um einige Jahre verzögern. Weitere Nachteile sind die Dicke der Wände, die Rauigkeit des Wandmaterials und die überstehenden Ecken.

Rundhölzer oder profilgefräste Stamme sind relativ preiswert, allerdings meist nur aus Weichholz (Kiefer, Fichte, Tanne) zu haben. Die genannten Holzarten verrotten sehr schnell, Kiefer etwas langsamer. Sie sollten weder mit dem Untergrund noch mit dem Füllmaterial des Hochbeetes in dauerhaftem Kontakt stehen. Dazu stellt man das Beet auf eine Reihe von Steinen oder Platten und kleidet es an den inneren Seitenwänden vollständig mit einer Folie (z. B. Teichfolie aus Polyethylen) aus. Werden die Rundhölzer an den Enden eingekerbt und im Wechsel übereck gelegt, braucht man keine senkrechten Eckpfosten (die am schnellsten wegfaulen). Werden die Ecken nicht genagelt oder verschraubt, kann man die oberen Stammreihen abnehmen und das Beet sogar komplett demontieren.

Gartenbauschwellen sind teurer als Rundhölzer, besonders wenn es sich um haltbare Hölzer wie Eiche, Douglasie oder Lärche handelt. Ungehobelte Schwellen kann man sich auch nach Bedarf im Sägewerk zuschneiden lassen, genormte Maße und gehobelte Schwellen gibt es im Holzfachhandel. Schwellen lassen sich sehr einfach flach oder hochkant übereinanderlegen und man braucht aufgrund ihres Eigengewichts keine Eckpfosten. In der Regel muss man die übereinanderliegenden Schwellen nicht miteinander verbinden, sie liegen durch ihr

Eigengewicht. So schraubt oder nagelt man nur die einzelnen Lagen an den Ecken zu einem Rahmen zusammen, den man bei Bedarf als Ganzes abheben kann. Eichenholz ist allerdings sehr schwer und hart in der Bearbeitung. Trotz der Haltbarkeit von Harthölzern empfiehlt sich auch hier eine Folie an den Innenseiten des Beetkastens, denn nur trockene Außenwände aus Schwellen dämmen den Innenraum bei Hitze oder Kälte und gewährleisten lange Haltbarkeit.

Tipp *Stellen Sie einen Holzbeetkasten je nach Konstruktionstyp mit den Wänden bzw. den Eckpfosten auf eine Reihe waagerecht ausgerichteter Steine oder Platten, damit das Holz nicht durch Bodenkontakt feucht wird und verrottet. Bei weichem Boden empfiehlt sich eine Lage verdichteten Schotters unter den Platten, damit der schwere Beetkasten nicht einsinkt.*

Konstruktionsholz für die Rahmenbauweise

Kanthölzer bilden den Rahmen bei dieser Bauweise. Bei der Verwendung starker Bretter oder Dielen benötigt man nur Eck- und gegebenenfalls Zwischenpfosten. Bei einer Bauweise mit dünnen Brettern oder Tafeln braucht man weitere Kanthölzer für den Rahmen bzw. die Gefache. Sägeraues Hartholz oder Lärchenholz ist für den Bau des Beetkastens gut geeignet.

Bretter sind am leichtesten in Handhabung und Bearbeitung. Allerdings verrotten sie auch am schnellsten. Hinzu kommt, dass man die Biegesteifigkeit beachten muss, sodass man für Beetkästen aus Brettern nicht nur Eck-, sondern alle ein bis zwei Meter auch Zwischenpfosten benötigt. Auch bei Verwendung einer Innenfolie sind sie das schwächste Glied, da sie bei Bodenkontakt sehr leicht wegfaulen. Man stellt sie deshalb besser auf Steinplatten. Eck- und Zwischenpfosten sollten immer aus viereckigem Hartholz bestehen, an das man die Bretter leicht anschrauben kann. Oder man lässt sich Eck- und Zwischenpfosten aus Metall so zusammenschweißen, dass man die Bretter leicht austauschen kann.

Terrassendielen sind ebenfalls leicht in Handhabung und Bearbeitung. Es gibt sie in den unterschiedlichsten wetterfesten Holzarten, Breiten und Dicken. Statt hier Tropenhölzer zu verwenden, wird der verantwortungsvolle Gärtner auf die ebenso haltbaren heimischen Hölzer Douglasie, Lärche und Robinie zurückgreifen. Gute Alternativen sind auch heimisches Thermoholz und der Verbundwerkstoff WPC (Kunststoff und Holz).

Holztafeln kann man z. B. in Form von fertigen Schaltafeln mit Metallkanten oder aus Zuschnitten von wetterfestem Sperrholz als Beetwände verwenden. Man kann die Tafeln aber auch selbst aus Dielen oder Brettern herstellen. Für die Beetkonstruktion müssen Eck- und Zwischenpfosten verwendet werden oder man baut eine stabile Fachwerk- oder Holzständerkonstruktion, die man anschließend mit den Tafeln beplankt oder ausfacht. Das Auseinanderstreben der Seitenwände kann man mit (rostfreien) Spanndrähten oder Metallstreben zwischen den Seitenwänden verhindern. Diese sollten sich aber unterhalb der Substratschicht befinden.

Tipp *Schlagen Sie Eckpfosten aus Holz niemals in den Boden, denn hier verrotten sie besonders schnell. Sie lassen sich dabei auch nicht genau senkrecht ausrichten. Verwenden Sie stattdessen verzinkte Pfostenanker, die man senkrecht anschlagen kann. Teurere Modelle kann man anschließend sogar genau senkrecht ausrichten. Allenfalls Metallpfosten können einbetoniert und dabei exakt ausgerichtet werden. Baut man das Beet mit Eck- bzw. Zwischenpfosten aus U-Eisen, kann man das Wandmaterial aus Rundhölzern, Brettern oder Dielen jederzeit entnehmen, das Beet so in der Höhe anpassen und schadhaftes Holz einfach austauschen.*

Hochbeete aus Naturstämmen oder Rundhölzern

In der Blockbauweise unterscheidet man verschiedene Techniken, je nach Vorbereitung, Schichtung und Eckverbindung der Stämme. Man verwendet meistens unbehauene Stämme, die mittels eines Schälmessers von der Borke befreit werden (dies ist wichtig für die Haltbarkeit!). Da sich Baumstämme natürlicherweise nach oben hin verjüngen, muss man sie im Wechsel aufeinanderschichten, um eine gerade Wand zu bekommen. Einfacher geht es daher mit Rundhölzern oder profilgefrästen Stämmen mit Standardmaßen (Stämme mit zwei gesägten, flachen Seiten nennt man Schwellen, siehe Seite 76). Beim Aufeinanderstapeln von Rundhölzern entstehen Fugen, die beim Blockhausbau aufwendig abgedichtet werden. Dies ist beim Hochbeet nicht nötig, da man hier unbedingt immer eine starke Folie (mindestens 0,5 Millimeter dick) an den inneren Seitenwänden befestigen sollte.

Die Fugen in der Wand fallen umso kleiner aus, je besser man die Eckverbindungen ausführt. Dazu gibt es verschiedene Techniken, z. B.

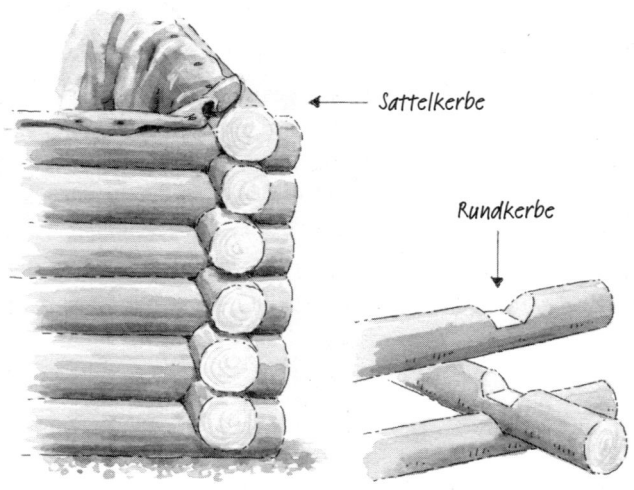

← Sattelkerbe

Rundkerbe

Gute Eckverbindungen sorgen dafür, dass die Rundhölzer
des Beetes (Höhe etwa 90 cm) möglichst eng aufeinanderliegen.
Die Teichfolie an der Innenwand dichtet die dennoch entstehenden Fugen ab.

die Rundkerbe (der obere Stamm erhält eine zum unten liegenden Stamm passende Kerbe), die Sattelkerbe (die Stämme oben und unten erhalten beide eine zueinander passende Kerbe), die Überblattung (die Stämme werden seitlich verjüngt) und der Schwalbenschwanz (Verjüngung beider Stämme in zwei Richtungen). Letztere Technik eignet sich besonders gut, da hier die Stämme an den Ecken nicht überstehen, erfordert aber auch einige Kenntnisse und Übung im Umgang mit der Kettensäge.

Hochbeete aus Rundhölzern in Blockbauweise sind sehr stabil, doch die dicken und unebenen Seitenwände und der runde obere Rand machen das Arbeiten am Beet nicht eben einfach. Außerdem verrotten die preiswerten Hölzer (Fichte, Tanne) sehr schnell, während die langlebigen Hölzer wie Eiche sehr schwer sind. Gute Kompromisse zwischen Haltbarkeit und Gewicht stellen Douglasie und Lärche dar. Die Haltbarkeit des Beetes wird außerdem wesentlich erhöht, wenn die unterste Stammreihe auf einem trockenen Untergrund aus grobem Schotter oder einer Reihe aus Platten oder Pflastersteinen steht. Mit giftigen Salzen druckimprägniertes Holz verbietet sich beim Hochbeetbau von selbst und ist nach dem Verrotten teurer Sondermüll.

Für den Blockbau muss man einige Übung im Umgang mit der Kettensäge mitbringen und am besten auch einen Helfer haben. Geübt im Umgang mit dieser Bauweise sind Zimmerleute und Forstarbeiter. Von ihnen können Sie sich die Stämme oder Rundhölzer aber auch schon passend zuschneiden lassen, inklusive der notwendigen Einkerbungen.

Werkzeug- und Materialbedarf

▷ Rundstämme
▷ Schälmesser
▷ Kettensäge, Beil
▷ Kreide zum Anzeichnen, Maßband, Wasserwaage
▷ dicke Teichfolie (mindestens 0,5 mm dick), Dachpappennägel
▷ Drainagematerial
▷ Pflanzsubstrat
▷ Kaninchendraht

Tipp *Das Beet kann erst nach dem Bau gefüllt werden, da die Teichfolie unerlässlich ist. Man kann aber auch mit zwei Bahnen Folie arbeiten, wenn man die obere Bahn etwa zehn Zentimeter über die untere überlappen lässt. So kann man bei halber Beethöhe die erste Bahn festnageln und anschließend die Drainageschicht bis zehn Zentimeter unter Oberkante einfüllen. Danach baut man die Wände weiter und nagelt die zweite Folienbahn auf oder an der Außenkante der obersten Stammreihe an.*

Hochbeete aus Schwellen

Rechteckige Hochbeete lassen sich mit Vierkantschwellen schnell und einfach aufbauen. Je nach Holzart und Größe der Schwellen wird man einen Helfer benötigen, um die Hölzer aufeinanderzustapeln. Schwellen kann man sich im Sägewerk nach Maß zuschneiden lassen oder im Holzfachhandel bestellen. Hier sollte man erst nach den gängigen Liefermaßen fragen und dann erst die endgültigen Beetmaße planen, damit möglichst wenig Abfall entsteht. Gartenbauschwellen gibt es üblicherweise aus Eichen-, Lärchen- und Kiefernholz. Letzteres ist nicht sehr verrottungsstabil und daher für Hochbeete nur bedingt geeignet. Eichenholz ist lange haltbar, aber sehr schwer. Am besten eignet sich das relativ leichte, aber sehr lange haltbare Lärchenholz für Hochbeete. Bei Gartenbauschwellen kann man zwischen gehobelter und ungehobelter Ware wählen. In der Regel reichen ungehobelte Hölzer, gegebenenfalls wählt man eine glatte Außenseite.

Für den Bau legt oder stellt man die Schwellen übereinander und schraubt oder nagelt sie an den Ecken zusammen. Man benötigt keine senkrechten Eckpfosten, sondern nur einen ebenen Untergrund (bei Kiefernholz ohne direkten Bodenkontakt). Man kann die Schwellen hochkant aufeinanderstellen, wenn sie etwa acht Zentimeter dick, 20 Zentimeter breit und gerade sind. Dies ist meist bis zweieinhalb Meter Länge der Fall (längere Schwellen kann man sowieso kaum anheben).

Schwellen sind so schwer, dass man sie nicht senkrecht miteinander verbinden muss. Stattdessen nagelt man die vier Schwellen einer Lage

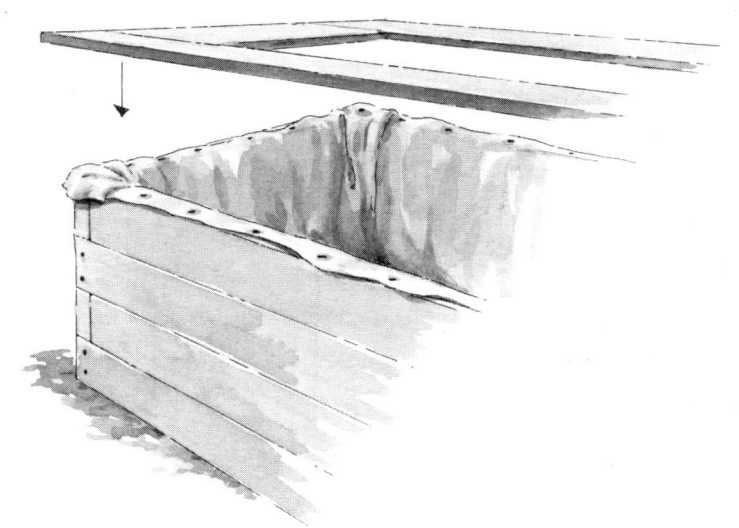

Hochbeete sind aus Schwellen relativ schnell gebaut. Die Randabdeckung aus gehobelten Brettern oder Dielen, die auf die Beetoberkante und die Folie geschraubt wird, sollte ein leichtes Gefälle nach außen haben, damit Regen- und Gießwasser gut ablaufen können.

nur an den Ecken waagerecht mit Zimmermannsnägeln in vorgebohrte Löcher zu einem Rahmen zusammen.

Mit einer geeigneten Hobelmaschine kann man die Ecken nacharbeiten oder man verkleidet sie mit passendem Profilholz (L-Profile oder übereck geschraubte glatte Bretter oder Dielen). Eine dazu passende überstehende Randabdeckung der Beetoberkante aus gehobelten Dielen sieht auch sehr schön aus und verdeckt ihrerseits die Eckabdeckung. Streicht man Eckverkleidung und Randabdeckung in einer zu Haus und Garten passenden Farbe, sehen Hochbeete aus ungehobelten Schwellen weniger »roh« und sehr hübsch aus.

Die Beete können mit mineralischem oder organischem Drainagematerial befüllt werden. Ersteres füllt man bereits ein, wenn erst ein oder zwei Lagen gebaut wurden, da es so schwer ist. Hier kann man auch auf die Folie verzichten oder man arbeitet mit zwei überlappenden Folien (siehe Seite 76). Wie bei allen Hochbeeten wird der Kaninchendraht gegen Wühlmäuse nur bei organischem Drainagematerial benötigt. Auf eine Folie auf den Innenseiten sollten Sie aber zumindest auf der Höhe der Beeterde auf keinen Fall verzichten. Sie schützt das Holz vor Feuchtigkeit an der Innenseite, was die Haltbarkeit erhöht, und die Beeterde vor dem Austrocknen im Sommer. Außerdem wirkt nur trockenes Holz wärmedämmend, sowohl im Winter als auch im Sommer. Am besten kauft man eine Teichfolie passender Breite, nagelt sie auf der Oberkante mit vielen Dachpappenägeln fest und lässt sie an den Innenseiten der Beetwände bis zum Boden herunterhängen. Auf die Beetoberkante und die Folie schraubt man eine Abdeckung aus gehobelten oder geriffelten Brettern oder Dielen mit leichtem Gefälle nach außen, damit das Wasser gut abläuft. Lässt man das Brett an der Außenkante einige Zentimeter überstehen, hat man eine breite, bequeme Ablage, einen Schneckenschutz und man kann Haken für Handwerkzeuge darunter anbringen.

Werkzeug- und Materialbedarf

- ▷ Schwellen
- ▷ Zimmermannsnägel und Hammer
- ▷ gegebenenfalls rostfreie Schrauben und Akkuschrauber
- ▷ Holzbohrer und Bohrmaschine
- ▷ Wasserwaage (gegebenenfalls Richtlatte)
- ▷ Teichfolie (etwa 0,5 mm dick) und Dachpappenägel
- ▷ mineralisches oder organisches Drainagematerial
- ▷ Pflanzsubstrat
- ▷ gegebenenfalls Kaninchendraht und Drainagevlies
- ▷ Bretter oder Dielen für die Abdeckung

Tipp *Ob man die Schwellen auf die Breitseite legt oder die Schmalseite stellt, hängt von den Maßen, aber auch dem persönlichen Geschmack ab. Werden sie gelegt, kann man auch mit kürzeren Schwellen arbeiten und diese wie Steine im Maurerverband mit versetzen Fugen aufeinanderlegen und senkrecht verschrauben oder nageln.*

Hochbeete aus Brettern an Pfosten

Bei dieser Bauweise werden Holzpfosten mit Brettern beplankt, ähnlich dem Bau einer Kiste. Man benötigt möglichst quadratische Eckpfosten, bei längeren Beeten auch Zwischenpfosten aus lange haltbarem Holz (Eiche, Lärche) an der Außenseite des Beetes, um ein Ausbauchen zu verhindern. Meistens werden die Pfosten am betreffenden Platz eingeschlagen, aber damit beschleunigt man ihre Verrottung. Bei dieser Bauweise ist es viel besser, Pfostenschuhe oder Einschlaganker zu verwenden.

Stehen alle Pfosten lotrecht, werden die Bretter für die Außenwände an den Eckpfosten von außen, an den Zwischenpfosten aber von innen angeschraubt, denn letztere sollen den Erddruck auffangen. Vom Nageln sei hier abgeraten, denn dadurch werden die Pfosten wieder schief. Eine mit leichtem Gefälle nach außen aufgeschraubte breite Diele sollte hier den oberen Rand des Beetes abschließen und die Außenpfosten verdecken.

Noch besser ist es, den Kasten so stabil zu bauen, dass er dem Erddruck der Füllung standhält, und die Pfosten auf Steinplatten zu stellen.

Für diese Beetvariante werden eingeschlagene Pfosten mit Brettern und Dielen beplankt, Außenpfosten sorgen für mehr Stabilität. Die Seitenwände können aber auch zuerst zusammengeschraubt und dann mit den Eck- und Außenpfosten verbunden werden.

79

Das Bauchen kann man auch mit quer gespannten Drähten zwischen den innen stehenden Zwischenpfosten verhindern. (Sie verlaufen unter der Substratschicht.) Bei dieser Bauweise nagelt oder schraubt man die Seitenwände erst zu Tafeln zusammen und verbindet sie anschließend mit den Eckpfosten. Ist das Beet fertig, wird es mit allen Pfosten auf Steinplatten gestellt und ausgerichtet sowie der Kaninchendraht ausgelegt. Danach befestigt man die Folie innen an den Seitenwänden, schraubt dann die Ösen für die Spanndrähte in halber Höhe zwischen die Zwischenpfosten und befestigt die Spanndrähte. Erst dann kann man mit dem Befüllen der Drainageschicht beginnen und die Drähte gegebenenfalls noch einmal nachspannen.

Diese Bauweise lässt sich mit ungehobelten oder gehobelten Brettern, mit Terrassendielen und noch schneller mit Holztafeln ausführen. Mögliche Holzarten sind Douglasie, Eiche, Lärche, Robinie, Thermoholz, Kompositmaterial (WPC) und Recycling-Kunststoff in Dielenform, Schaltafeln und wasserfestes Sperrholz.

Tipp *Man kann Hölzer mit entsprechenden Anstrichen haltbarer machen, jedoch enthalten diese entweder starke Gifte oder ihre Wirkung ist vernachlässigbar. Die Folie im Beetinneren verhindert zwar, dass die Gifte in die Beeterde gelangen, sodass man das Selbstgezogene unbedenklich essen kann. Aber die Hölzer dünsten die Gifte ständig aus und sind nach der Behandlung Sondermüll.*

Werkzeug- und Materialbedarf

▷ quadratische Eck- und Zwischenpfosten
▷ Bretter, Dielen oder Tafeln
▷ Steinplatten
▷ Wasserwaage
▷ rostfreie Schrauben und Akkuschrauber
▷ Spanndrähte, Ösen und Zange
▷ Kaninchendraht und Teichfolie (0,5 mm dick)
▷ Drainagematerial
▷ Pflanzsubstrat

Hochbeete mit Profilpfosten aus Metall

Besonders lange haltbar und praktisch in der Anwendung sind Hochbeete mit Profilstangen aus nichtrostendem Metall (verzinktes Eisen, Aluminium). Zum einen sind die Pfosten auch bei Erdkontakt fast unbegrenzt haltbar, zum anderen können die Bretter für die Seitenwände abgenommen bzw. ausgetauscht werden. Dies ist besonders sinnvoll, wenn nach dem Hügelbeetprinzip viel organisches Material eingeschichtet werden soll und durch die Art der Befüllung zu erwarten ist, dass das Substrat sackt. Auch wenn die Bretter schadhaft wer-

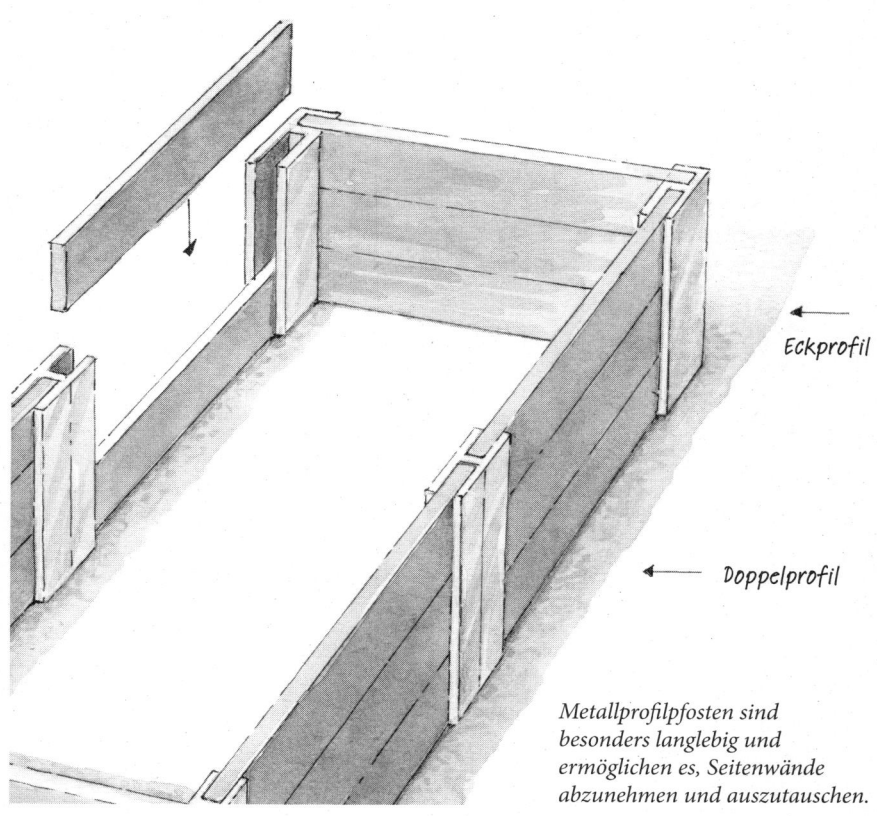

Eckprofil

Doppelprofil

Metallprofilpfosten sind besonders langlebig und ermöglichen es, Seitenwände abzunehmen und auszutauschen.

81

den, können sie jederzeit ausgetauscht werden. Man kann mit dieser Bauweise ein Beet zudem beliebig verlängern oder um die Ecke bauen, falls die Anbaufläche für den Bedarf zu klein geworden ist.

Für die Ecken verwendet man zwei übereck, für die Zwischenpfosten zwei rückseitig miteinander verschweißte bzw. verschraubte U-Profile. Die lichte Weite beider U-Schenkel zuzüglich einiger Millimeter bestimmt die Dicke der verwendeten Bretter, da Holz bei Feuchtigkeit quillt. Je dicker die Bretter, Dielen, Kant- oder Rundhölzer, desto weniger Zwischenpfosten werden benötigt. Deren Abstand muss so gewählt werden, dass die Seitenwände nach dem Befüllen des Kastens nicht ausbauchen. Die Pfosten können (je nach Erdreich) eingeschlagen oder einbetoniert werden, im letzteren Fall ist der Kasten aber fest mit dem Standort verbunden. Will man das Beet später verlängern, darf man die Eckpfosten auf der betreffenden Seite nicht einbetonieren, da sie dann durch Zwischenpfosten ersetzt werden.

Man kann die Pfosten aber auch auf den Boden bzw. eine Steinplatte stellen, dann werden aber Querstreben oder Spanndrähte zwischen den Pfosten benötigt, die das Bauchen verhindern. Dazu muss man vorher in passender Höhe Löcher oder Ösen für die Spanndrähte vorsehen oder die Querstreben anschweißen.

Tipp *Passende U-Profile kann man in Eisenwarenhandlungen bestellen, zusammengeschweißte Profile mit Löchern und Ösen beim Schlosser. Planen Sie vorher genau, wie die Profile aussehen sollen, wo Ösen, Löcher, Haken und andere nützliche Dinge vorgesehen sind. Hohe, über das Beet hinausragende Profile können auch zum Befestigen von Folien, Netzen und Vliesen dienen, unterschiedlich hohe Stangen und eine Firststange zum Auflegen einer Frühbeetscheibe oder eines Schutzdaches. Ebenso können die Pfosten eine Rankhilfe oder Pergola darstellen.*

Für die Seitenwände kommen alle unbehandelten Holzarten in Frage, da man sie ja leicht ersetzen kann. Sogar dünne Fichtenstämmchen kann man verwenden, wenn die Profilstangen die entsprechende Größe aufweisen. Schöner sehen jedoch Hochbeete mit Brettern oder Kanthölzern aus, besonders dann, wenn man die Profilstangen mit einer Rostschutzfarbe streicht. Da die Bretter austauschbar seien sollten, muss man entweder auf die Folie im Innern des Beetes verzichten, oder man hängt sie in Bahnen am obersten Brett an, z. B. hinter einer angeschraubten Leiste (Dachlatte). Die Folie muss deshalb länger sein (Zuschlag entspricht der Breite des Brettes) und wird einmal quer gefaltet, damit sie beim Austauschen der Bretter herausgezogen werden kann. Noch praktischer sind Rundstangen (Besenstiele) mit aufgewickelter Folie, die in Haken an den Innenseiten der Zwischenpfosten hängen, sodass Holz und Folie nirgends miteinander verbunden sind.

Werkzeug- und Materialbedarf

▷ U-Profilstangen (Aluminium oder verzinktes Eisen)
▷ gegebenenfalls Schweißgerät, Metallbohrer
▷ Vorschlaghammer, Wasserwaage
▷ Spanndrähte oder Querstreben
▷ Bretter, Dielen oder Kanthölzer für die Seitenwände
▷ Kaninchendraht
▷ Teichfolie, Drainagevlies
▷ Drainagematerial
▷ Pflanzsubstrat

Tipp *Profilpfosten aus Holz (Eck- und Zwischenpfosten mit gefräster Nut) sowie Profilbretter kann man bei verschiedenen Anbietern von Sichtschutzsystemen bekommen. Daraus lassen sich ebenfalls Hochbeetkästen bauen. Damit die Pfosten keinen Erdkontakt bekommen, sollten sie immer in Einschlag-Pfostenschuhe geschraubt werden.*

Praktisches und Schönes für Hochbeete aus Holz

Im Sommer sehen die meisten Hochbeete schön aus, weil alles grünt und blüht. Jetzt ist es auch nicht schwierig, nicht ganz so perfekt gebaute Beetwände mit herabhängenden Pflanzen, z. B. Kapuzinerkresse, zu verstecken. Im Winter können Hochbeete aber eher wie Fremdkörper im Garten wirken. Daher lohnt es sich, bei der Wahl von Größe, Form und Material auch an die kalte Jahreszeit zu denken, wenn das Hochbeet mehr oder weniger »nackt« im Garten steht.

Aber das Aussehen eines Hochbeetes kann auch noch auf andere Weise beeinflusst werden. Für Hochbeete aus Holz bietet sich das Streichen der Eck- und Randabdeckungen bzw. der Pfosten in einer passenden Farbe an. Bei der Farbwahl orientiert man sich an anderen farbigen Elementen von Haus und Garten. Besonders hübsch sehen hier auch die Farben skandinavischer Holzhäuser aus, z. B. das typische Blau und Rot. Gute Außenfarben für Holz auf Acrylbasis halten lange, blättern nicht ab und können jederzeit gesäubert und nachgestrichen werden.

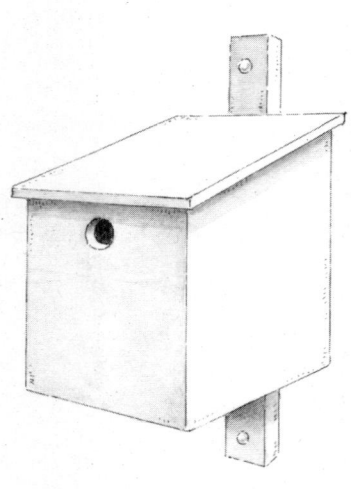

Wer es abwechslungsreicher liebt, schlingt einfach ein breites farbiges Band um den Kasten oder hängt rundherum hübsche Dinge an Haken. Der Fantasie sind hier kaum Grenzen gesetzt. Man kann die Beete aber auch anders schmücken, z. B. die höheren Eckpfosten mit Nistkästen, Gartenkugeln, umgedrehten Töpfen und anderen Accessoires, aber auch mit praktischen Elementen, wie z. B. einer hübschen Vogelscheuche. Sehr hohe Eckpfosten (über Kopfhöhe), die praktisch zum Befestigen von Folien und Vliesen sind, kann man mit Querstreben oder Drähten verbinden und mit Küchengeräten,

Nistkästen, auf höhere Eckpfosten montiert, sind schön und nützlich.

Fahnen, Windspielen, Trockensträußen und anderen schönen Dingen behängen. An den Schmalseiten, wo man nicht zum Arbeiten stehen muss, können die Querstreben auch in Armhöhe sein, sodass man hier aufgewickelte Folie oder Netze festbinden kann.

Mehrere nebeneinanderstehende Hochbeete am Rand des Gartens kann man auch mit je zwei hohen Eckpfosten versehen und diese zu einer Pergola verbinden. Hier können nützliche und schöne Pflanzen emporklimmen und die Beetkästen hübsch einrahmen. Quadratische Hochbeete und Vielecke sehen mit hohen Mittelpfosten hübsch aus. Spannt man von ihm Drähte zu den Ecken, können hier im Sommer schlingende Pflanzen wie z. B. Bohnen wachsen, im Winter kann die Weihnachtsbeleuchtung für Stimmung sorgen. Oder man gestaltet den Mittelpfosten zum Kunstwerk um, als Säule, Totempfahl, mit bunten Ketten.

Niedrige Hochbeete kann man auch mit farbigen Holzrosten zum Sitzen schmücken. Sind die Sitzgelegenheiten transportabel, kann man sie immer dorthin legen, wo gerade nichts wächst.

Dekorationsideen für Hochbeete aus Holz

▷ Streichen der Ecken, Pfosten oder Randabdeckung
▷ Dekorieren von hohen Pfosten
▷ Nachträgliches Anschrauben von Stangen zu Dekorationszwecken
▷ Aufstecken von Gartenkugeln, umgedrehten Töpfen …
▷ schöne Mittelsäule oder schöner Mittelpfosten
▷ Querverbindungen mehrerer Beetkästen als Pergola oder Rankhilfe
▷ bunte Holzroste zum Sitzen
▷ Haken und Ösen zum Aufhängen von Deko-Elementen
▷ über den Beetrand hängende Pflanzen
▷ im Winter auch Efeuranken oder Weihnachtsschmuck

Teil 2:
Gestalten und Bepflanzen

Nachdem Sie nun so viel über den Bau von Hochbeeten erfahren haben, wird es endlich Zeit, über die Bepflanzung zu reden. Die Wahl der Pflanzen bestimmt, wie groß die Beete sein sollen. Welche Pflanzen Sie wählen, hängt wiederum von Ihren Vorlieben und der Anzahl im Hause lebender und essender Personen ab. Die folgenden Kapitel zeigen Ihnen verschiedene Bepflanzungsbeispiele, vom Kräuterbeet für Gourmets bis zum Gemüsebeet für Selbstversorger, vom Duft- bis zum Wasserbeet. Besonders hübsch sehen die Beete aus, wenn ihre Bauart auf die Bepflanzung abgestimmt ist. So sehen mediterrane Kräuter in steinernen Beeten einfach schöner aus als in Holzbeeten, besonders wenn es sich um helle Steine in Trockenmauerbauweise handelt. Mangold und Bohnen würde man hier einfach nicht erwarten. Aber auch die Höhe der Pflanzen will bedacht sein. Obststräucher sind in niedrigen Hochbeeten ohne Drainageschicht besser aufgehoben, damit sie auch in den gewachsenen Boden wurzeln können, und Wurzelgemüse braucht eine dickere Substratschicht als Salat. Sie müssen sich aber nicht in jedem Fall von vornherein festlegen, denn fast jedes Hochbeet kann auch anders bepflanzt werden. Man muss dazu meist nur die oberste Substratschicht anpassen.

In diesem Buch können natürlich nicht alle Bepflanzungstechniken genannt werden. Wer zum ersten Mal Stauden, Kräuter, Gemüse oder Obst anbaut, sollte sich ein Buch zum Thema »Biogarten« oder »Nutzgarten« besorgen (siehe Seite 148). Viele der dort genannten Techniken, vom Säen über die Pflege bis zum Ernten, gelten genauso auch für Hochbeete. Lediglich die Bodenbearbeitung ist anders, denn Sie können Ihren Boden im Hochbeet selbst auswählen und brauchen viele der üblichen Gartengeräte nicht mehr. Meist kann man auch etwas dichter säen als auf den Samentüten angegeben, denn die Nährstoffversorgung ist im Hochbeet meist höher als am Boden.

Hochbeete für Genießer

Wer sich gesund ernähren möchte, sollte auf Nahrungsmittel aus kontrolliert biologischem Anbau zurückgreifen und diese mit Selbstangebautem ergänzen. Gesunde und heilsame Inhaltsstoffe finden sich in vielen Pflanzen, ob sie nun zum Obst, zum Gemüse, zu Salaten, Küchenkräutern, Heil- oder Teepflanzen zählen. Wichtig ist nur, dass sie auf gesunden Böden kultiviert, zum richtigen Zeitpunkt geerntet und in der Küche schonend zubereitet werden. So profitiert man von der Wirkung gleich doppelt: Sowohl die ausgleichende Tätigkeit an der frischen Luft beim Kultivieren als auch die wertvollen Inhaltsstoffe der Pflanzen lassen viele Zivilisationsbeschwerden erst gar nicht aufkommen. Will man dazu auch noch die anstrengenden Arbeiten am Boden und das rückenschädliche Bücken vermeiden, bietet sich der Bau von einem oder mehreren Hochbeeten an.

Hochbeete mit aromatischen Genusspflanzen müssen nicht allzu groß, aber für Sie gut erreichbar sein, z. B. in der Nähe der Küche oder auf der Terrasse stehen. So kann man mal eben schnell eine Hand voll ernten oder sich für die nächste kulinarische Köstlichkeit inspirieren lassen. Je nach Pflegeintensität der Kräuter können Sie zwischen niedrigen und hohen Hochbeeten wählen. So reichen z. B. für die anspruchslosen mediterranen Kräuter etwa 50 Zentimeter Beethöhe aus. Die folgenden Beispiele sind für verschiedene Standorte im Garten geeignet, von sonnig bis halbschattig, vom Hochbeet auf der Terrasse bis zum Standort unter einem Obstgehölz. Lassen Sie sich inspirieren und fangen Sie ruhig erst einmal mit einem der genannten Hochbeete für Genießer an.

In diesem Buch kann nur eine kleine Auswahl von geeigneten Pflanzen ganz kurz beschrieben werden. Gartenanfänger sollten sich deshalb noch weitere Literatur zu Kräutern und Nutzpflanzen zulegen. Die dort erwähnten Pflegehinweise können Sie genauso auch im Hochbeet umsetzen, nur dass Sie sich bei der Gartenarbeit nicht mehr bücken müssen. Aber auch die im Anhang erwähnten Kräutergärtnereien (siehe Seite 149) bieten in ihren Katalogen eine Fülle von Informationen zu den Pflanzen, ihrer Pflege und Verwendung in der Küche.

Ein Hochbeet für Küchenkräuter

Das Hochbeet für die Küchenkräuter sollte in der Sonne oder im Halb-schatten nahe der Küche stehen. (Wer auch Salat und Gemüse in Hoch-beeten zieht, braucht für die Küchenkräuter kein eigenes Beet.) Für zwei Personen, die nur gelegentlich selbst kochen und den gekauften Salat mit eigenen Kräutern anreichern wollen, reicht eine Beetgröße von ein bis zwei Quadratmeter. Will man die eigenen Kräuter aber auch für den Winter einfrieren, kocht man jeden Tag oder ist der Haushalt größer, sollte die zwei- bis dreifache Beetgröße kalkuliert werden. Eine variable Frühbeetabdeckung kann die Erntezeit im Frühjahr um einige Wochen vorverlegen und im Herbst entsprechend ausdehnen.

Bei der Einteilung des Beetes muss man berücksichtigen, dass man-che der Kräuter winterhart sind und mehrere Jahre am gleichen Platz überdauern, andere dagegen zweijährig sind oder jedes Jahr neu aus-

In einem quadratischen Holzhochbeet sehen die Küchenkräuter im Schachbrettmuster gepflanzt sehr hübsch aus. Die einzelnen Gefache kann man ganz einfach mit aufgeleg-ten Dachlatten oder aufrecht in das Substrat gestellten, unbehandelten Brettern abteilen.

gesät werden müssen. Die Petersilie möchte zudem jedes Mal einen neuen Platz haben. Je nach Beetform wird man die Pflanzen anders anordnen, wobei die ausdauernden Kräuter ein Umpflanzen durchaus vertragen oder sogar im Rahmen einer Teilung benötigen (wie Schnittlauch). So kann man z. B. ein rundes Beet oder ein Vieleck in Segmente (»Tortenstücke«) oder Kreise teilen, ein quadratisches Beet im Schachbrettmuster, ein rechteckiges in Streifen, und dabei die Pflanzen übersichtlich trennen. Höhere und ausdauernde Pflanzen pflanzt man nach innen, niedrige ein- oder zweijährige nach außen, wo man sie ganz einfach nachsäen kann. Mischt man die verschiedenen Blattfarben und -formen der Pflanzen zu Mustern, kann ein Hochbeet mit Küchenkräutern sehr dekorativ aussehen. Sie können es in Sitz- oder Stehhöhe bauen, je nach Auswahl und Pflegeanspruch der gewählten Kräuter.

Substrat

Die üblichen Küchenkräuter wie Schnittlauch, Petersilie und Co. sind Mittel- bis Schwachzehrer und benötigen einen lockeren, mäßig feuchten Boden von 25 bis 30 Zentimeter Höhe. Mischungen aus Kompost und lehmigem Sand (1:1) mit etwas Bentonit oder aus Mutterboden und Sand (2:1) sind völlig ausreichend.

Bohnenkraut, Liebstöckel und Ausdauernde Gartenkresse brauchen viel Platz und werden sehr hoch. Sie sollten, wie auch andere große ausdauernde Kräuter außerhalb, z. B. am Fuß der Schmalseite eines Hochbeetes, gepflanzt werden, wo sie bei der Beetpflege nicht stören.

Auch Beinwell und Minze wachsen gut am Fuße eines Hochbeetes, wenn der Weg aus Holzhäcksel oder Rindenmulch besteht. Werden die Kräuter zu üppig und stören bei der Beetpflege, kann man sie einfach abschneiden, als Mulchdecke verwenden, trocknen oder, im Falle von Beinwell, für eine pflanzenstärkende Jauche verwenden.

Küchenkräuter

Deutscher Name (Botanischer Name)	Lebenszyklus, Standort	Bemerkungen
Dill (Anethum graveolens var. hortorum)	einjährig, sonnig	besser in kleinen Mengen, regelmäßig nachsäen
Garten-Kerbel (Anthriscus cerefolium)	einjährig, sonnig	besser in kleinen Mengen monatlich nachsäen
Garten-Kresse (Lepidium sativum)	einjährig, halbschattig	kann laufend zwischen den anderen Pflanzen neu ausgesät werden
Garten-Petersilie (Petroselinum crispum)	zweijährig, eher halbschattig	glattblättrige Sorten sind robuster
Garten-Sauer-Ampfer (Rumex actosa var. hortensis)	mehrjährig, halbschattig	rotblättrige Sorten sind attraktiver
Große Kapuzinerkresse (Tropaeolum majus)	einjährig, sonnig bis halbschattig	rankt dekorativ über den Beetrand
Majoran (Origanum majorana)	bei uns einjährig, sonnig bis halbschattig	nicht verwechseln mit Oregano
Pimpinelle, Kleiner Wiesenknopf (Sanguisorba minor)	mehrjährig, sonnig bis halbschattig	schlecht zu verpflanzen
Schnitt-Lauch (Allium schoenoprasum)	mehrjährig, sonnig bis halbschattig	regelmäßig teilen

Das mediterrane Kräuterhochbeet

Für mediterrane Küchenkräuter eignen sich einseitige, an die Südhauswand gelehnte Hochbeete besonders gut. Sie dürfen jedoch nicht an der Hauswand befestigt werden. Man trennt die Seitenwände und das Substrat mit einer an die Wand gestellten (geschlossenzelligen) Drainageplatte, wie sie üblicherweise zur Kellerabdichtung verwendet wird, ab. Eine aufgelegte Dachlatte oder an der Hauswand befestigte Aluschiene kaschiert später den sichtbaren oberen Rand der Drainplatte.

Die Kräuter gedeihen sogar unter einem Dachüberstand, wenn man sie regelmäßig gießt. Oder man begrenzt eine exponierte Südterrasse teilweise mit zwei parallel verlaufenden Mauern, deren Zwischenraum man als Hochbeet nutzt. Man kann aber auch überall an einer sonnigen Stelle im Garten ein freistehendes Beet bauen und bepflanzen.

Winterharte mediterrane Küchenkräuter sehen in Hochbeeten aus Kalkstein besonders schön aus. Bei trocken aufgesetzten Beeten kann man auch die Fugen mitbepflanzen, z. B. mit Thymian und Tripmadam. Da die mediterranen Pflanzen sehr pflegeleicht sind, ist ein Beet in Sitzhöhe (etwa 50 Zentimeter) völlig aus-

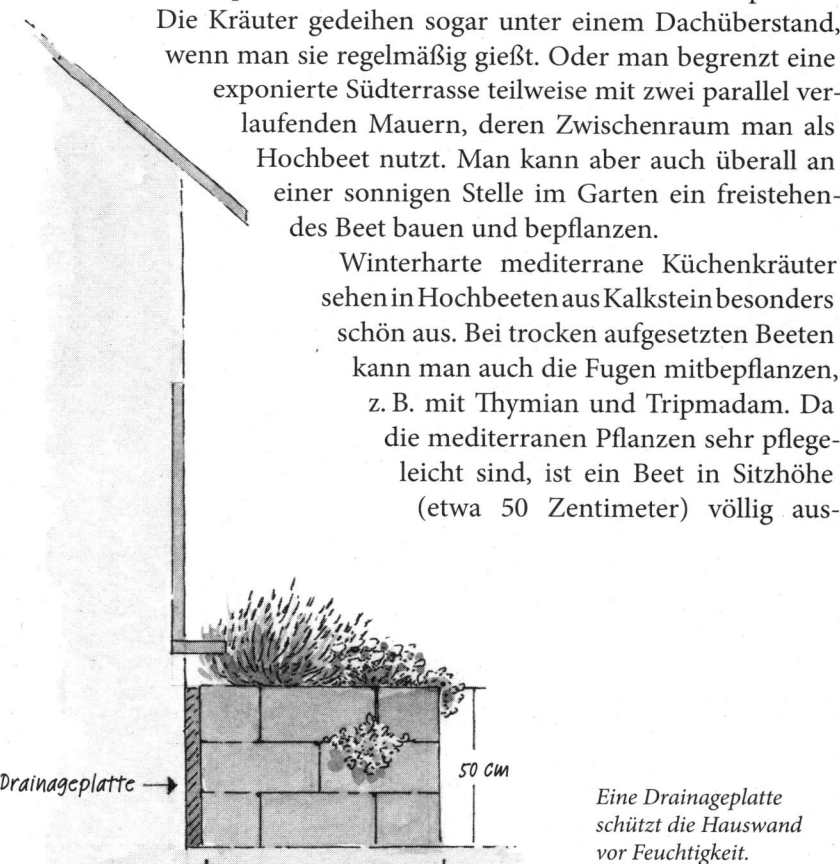

Drainageplatte →

50 cm

70 cm

Eine Drainageplatte schützt die Hauswand vor Feuchtigkeit.

91

reichend. So ist man mit dem Aufschichten der großen Steine schnell fertig und kann sich bei der Pflege auf den Rand setzen. Zu pflegen gibt es hier sowieso nicht viel, mehr zu genießen. Füllt man das Beet bereits beim Bauen mit Schotter (am besten den billigsten mit Nullanteilen), kann man die Steine gut aufeinanderlegen und hat bereits ein Pflanzsubstrat. Die oberen Fugen der Beetmauer begrünt man gleich mit, indem man die Wurzelballen der Pflanzen zum Beetinneren hin zwischen die Steine legt und anschließend mit einem weiteren Stein abdeckt. Je eine Hand voll Kompost zu jedem Wurzelballen gegeben, beschleunigt das Anwachsen. Größere Halbgehölze wie Salbei benötigen etwas besseren Boden. Ihnen gibt man etwas mehr Erde und / oder Kompost ins Pflanzloch. Die ersten Wochen gießt man etwas häufiger, bis die Pflanzen genügend Wurzeln gebildet haben. Eine Mulchdecke aus Kalksplitt, passend zum ausgewählten Stein, bringt die Pflanzen schön zur Geltung und schützt sie vor dem Austrocknen. Man kann

die Beetfläche auch zusätzlich mit einigen größeren Steinen dekorieren, sodass sich ein natürliches Bild ergibt. Da die genannten Halbgehölze immergrün sind, sieht das Beet auch im Winter sehr dekorativ aus.

Lavendel, Rosmarin, Salbei und Estragon müssen im Spätsommer geschnitten werden, damit sie nicht zu stark verholzen und eine schöne Wuchsform behalten. Dies erledigt man bei der letzten Ernte und trocknet die Zweige für die spätere Verwendung. Die anderen Zwerggehölze kann man nach Belieben einkürzen. Für die einjährigen Kräuter wie das Basilikum kann man zwischen den mehrjährigen Pflanzen Platz für die Töpfe lassen oder frostfeste Übertöpfe mit Wasserabzugsloch eingraben. Dort stellt man dann ab Frühsommer die Kräutertöpfe mit den empfindlichen Exoten hinein. Diese müssen aber häufiger gegossen werden und brauchen nahrhaftere Erde. Da sie auch heikel im Standort sind, muss man ausprobieren, ob ihnen der Platz überhaupt zusagt.

Die einjährigen Kräuter Borretsch und Muskateller-Salbei werden sehr groß, am besten pflanzt man sie an den Fuß des Beetes, wo sich die Pflanzen jedes Jahr selbst aussäen. Auch die große, ausdauernde Zitronen-Melisse sollte am Beetfuß stehen.

Substrat

Ausdauernde mediterrane Küchenkräuter sind fast alles genügsame, hitze- und trockenresistente Halbgehölze. Sie lieben einen warmen, trockenen, wasserdurchlässigen und nährstoffarmen Boden und schmecken umso aromatischer, je extremer der Standort ist. Man kann sie sogar in Schotter mit Nullanteilen oder in extensives Dachsubstrat (z. B. vulkanischer Bims) pflanzen. Selbst gemischtes Substrat sollte zu zwei bis zweieinhalb Teilen aus Sand, Schotter oder Lavabims bestehen und zu einem Teil aus Kompost oder Mutterboden. Den nötigen Kalkanteil erreicht man durch Beimischung oder Mulchen mit Kalksplitt. Einzelne Arten mit höheren Bodenansprüchen gibt man eine Extraportion Kompost ins Pflanzloch. Den größeren, langsam wachsenden Halbgehölzen kann man auch mit einem Esslöffel Hornspänen, die sich sehr langsam zersetzen, eine Langzeitdüngung geben.

Mehrjährige mediterrane Halbgehölze für sonnige Standorte

Deutscher Name (Botanischer Name)	Wuchsform, Wuchshöhe	Bemerkungen
Berg-Bohnenkraut (Satureja montana)	niedrig	Verwendung wie einjähriges Bohnenkraut
Echter Lavendel (Lavandula angustifolia)	aufrechte, silbrige Büsche	Triebspitzen und Blüten essbar; etwas Hornspäne als Langzeitdünger geben
Echter Salbei (Salvia officinalis)	kleine, aufrechte Büsche	gegebenenfalls Winterschutz; etwas Hornspäne; regelmäßiger Schnitt nötig, viele dekorative Sorten erhältlich
Französischer Estragon (Artemisia dracunculus)	niedrige, aufrechte Büsche	nicht mit einjährigem Estragon verwechseln; Boden sollte etwas feuchter und nahrhafter sein
Oregano (Origanum vulgare)	niedrig, reich verzweigt	viele, hübsch blühende Sorten erhältlich
Rosmarin (Rosmarinus officinalis)	kleine, aufrechte Büsche, auch überhängende Sorten erhältlich	gegebenenfalls Winterschutz mit Reisig; etwas Hornspäne ins Pflanzloch geben
Thymian Thymus (verschiedene Arten und Sorten)	kleiner Halbstrauch, auch kriechend	viele Arten und Sorten mit diversen Laubfarben, Duft und Geschmack erhältlich; für Mauerfugen geeignet
Tripmadam (Sedum reflexum)	kriechende, ausdauernde Staude	für Mauerfugen geeignet
Ysop (Hyssopus officinalis)	kleiner Halbstrauch	gegebenenfalls Winterschutz

Das Minzenbeet

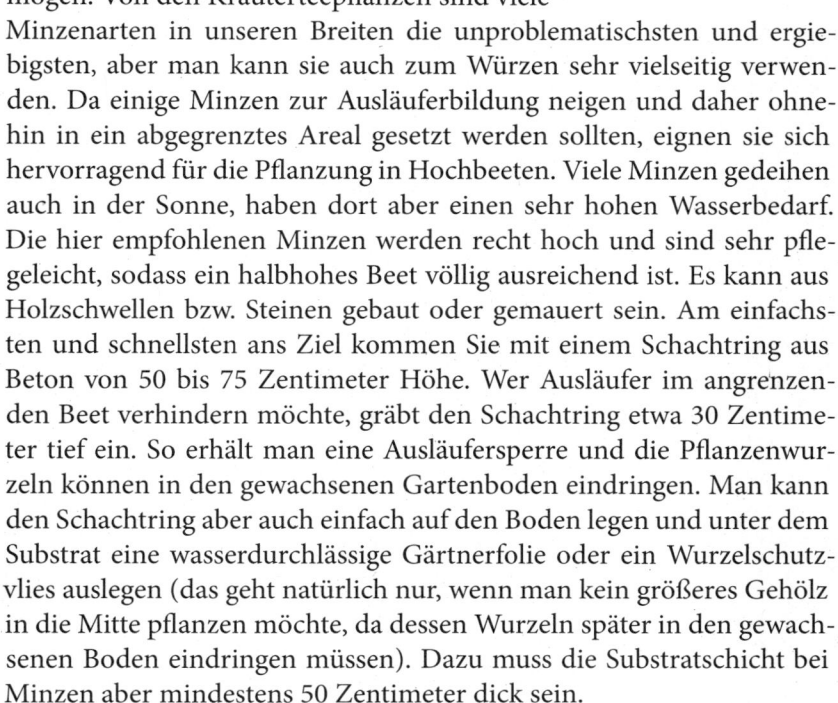

Minzebeete eignen sich für halbschattige bis schattige und feuchte Standorte im Garten. Überall dort, wo andere Kräuter nicht gedeihen. z. B. unter einem Obstgehölz, können Minzen gepflanzt werden.

Wer schon einmal einen Minztee aus frisch geernteten Blättern genossen hat, wird die getrocknete Ware im Teebeutel zumindest im Sommer nicht mehr mögen. Von den Kräuterteepflanzen sind viele Minzenarten in unseren Breiten die unproblematischsten und ergiebigsten, aber man kann sie auch zum Würzen sehr vielseitig verwenden. Da einige Minzen zur Ausläuferbildung neigen und daher ohnehin in ein abgegrenztes Areal gesetzt werden sollten, eignen sie sich hervorragend für die Pflanzung in Hochbeeten. Viele Minzen gedeihen auch in der Sonne, haben dort aber einen sehr hohen Wasserbedarf. Die hier empfohlenen Minzen werden recht hoch und sind sehr pflegeleicht, sodass ein halbhohes Beet völlig ausreichend ist. Es kann aus Holzschwellen bzw. Steinen gebaut oder gemauert sein. Am einfachsten und schnellsten ans Ziel kommen Sie mit einem Schachtring aus Beton von 50 bis 75 Zentimeter Höhe. Wer Ausläufer im angrenzenden Beet verhindern möchte, gräbt den Schachtring etwa 30 Zentimeter tief ein. So erhält man eine Ausläufersperre und die Pflanzenwurzeln können in den gewachsenen Gartenboden eindringen. Man kann den Schachtring aber auch einfach auf den Boden legen und unter dem Substrat eine wasserdurchlässige Gärtnerfolie oder ein Wurzelschutzvlies auslegen (das geht natürlich nur, wenn man kein größeres Gehölz in die Mitte pflanzen möchte, da dessen Wurzeln später in den gewachsenen Boden eindringen müssen). Dazu muss die Substratschicht bei Minzen aber mindestens 50 Zentimeter dick sein.

Auf eine Drainageschicht kann man bei den in der Tabelle genannten Minzen getrost verzichten, denn sie lieben lehmigen, feuchten

Boden. Und auch der Kaninchendraht ist entbehrlich, da es den Mäusen im Minzenbeet zu feucht ist.

Sie können mehrere Arten mit ähnlichen Ansprüchen zusammenpflanzen und beobachten, wie jedes Jahr eine andere Art bzw. Sorte dominiert. Da einige Arten ihren eigenen Boden im nächsten Jahr nicht mehr mögen und deshalb wandern möchten, sollte man von seinem Lieblingstee immer einige Ausläufer im Frühjahr ausgraben und in Töpfe oder Kübel setzen. Frische Kompostgaben reichen aber bei den meisten Arten aus, um die Ausläufer wieder zum Treiben zu animieren. Im Spätsommer oder Frühherbst werden die restlichen Triebe abgeschnitten und zum Trocknen aufgehängt. Lassen Sie immer genügend blühende Triebe stehen, denn sie locken jede Menge Hummeln und Schwebfliegen in Ihren Garten und ihr Duft vertreibt viele Schadinsekten.

Minzen, die es trockener lieben, wie die Ananas-Minze *(Mentha suaveolens* 'Variegata') und die Ingwer-Minze *(Mentha × gentilis* 'Variegata'), pflanzt man besser ins Duftbeet (siehe Seite 98) oder zwischen niedrige, blühende Stauden. Sie wuchern nicht und bleiben am Standort. Katzenminze *(Nepeta cataria)* und Bergminze *(Calamintha)* sind übrigens keine Minzen, duften nur so ähnlich und lieben das mediterrane Beet.

Substrat

Als Substrat eignen sich alle lehmigen Gartenerden. Selbst gemischte Erde sollte einen hohen Lehmanteil haben, z. B. ein Teil lehmiger Unterboden gemischt mit einem Teil Kompost. Man kann auch lehmigen Sand, Kompost und viel Bentonit vermischen. Billiger als Bentonit ist ein Zusatz von Lehm, den Sie überall bekommen, wo Lehmziegel hergestellt oder alte Fachwerkhäuser renoviert werden.

Minzen für halbschattige bis schattige Standorte

Deutscher Name (Botanischer Name)	Aussehen	Verwendung, Besonderheiten
Pfeffer-Minze (Mentha x piperita)	sterile rosafarbene Einzelblüten	als Tee, Heilpflanze (viel Menthol)
Thüringer Minze (Mentha x piperita var. piperita 'Multimentha')	rötlich violette Blüten in Scheinähren	als Tee (viel Menthol), Gewürz, auch für die Vase, sehr gute Gartensorte
Orangen-Minze (Mentha x piperita var. citrata 'Bergamott' oder 'Lemon', 'Eau de Cologne')	Sorten mit länglichen oder rundlichen, glatten oder gewellten, grünen oder rötlichen Blättern	je nach Sorte viel bis wenig Menthol sowie unterschiedliche Aromen und Aussehen, für Tee, Drinks, Süßspeisen, als Badezusatz
Schokoladen-Minze (Mentha x piperita var. piperita 'Chocolate Mint')	kompakter Wuchs, Stängel im Herbst rötlich, kurze violette Blüten	für Süßspeisen und Kuchen, besonders solche mit Schokolade (wenig Menthol)
Apfel-Minze (Mentha x rotundifolia)	buschiger, dekorativer Wuchs mit lindgrünen pelzigen Blättern	als Tee mit Apfelduft (ohne Menthol), zu Obstsäften und -speisen, für Kinder geeignet
'Kentucky-Spearmint'- Minze (Mentha x cordifolia 'Kentucky')	wächst aufrecht bis 90 cm hoch, sehr schöne weiße bis blasslila Blüten	als Tee (ohne Menthol), mildes Kaugummiaroma, zu Schokoladen- und Quarkspeisen, gut für Kinder geeignet
Grüne Minze (Mentha spicata)	dicht, buschig, bis 50 cm hoch, rot-violette Blüten	als Tee (wenig Menthol), für Minzsauce, zu Obstspeisen, für Apfelgelee
Krause Minze, Marokkanische Minze (Mentha spicata var. crispa 'Marokko')	buschiger Wuchs, sehr schöne helllila bis weiße Blüten	als Tee (wenig Menthol), zusammen mit Schwarztee; dicke Laubdecke als Winterschutz nötig
Rotblättrige Minze, Raripila Minze (Mentha x smithiana 'Rubra')	dichter Wuchs, bis 70 cm hoch, dunkelrote Stängel und grüne Blätter	als Tee (mit Menthol), Würze und Dekoration; unterdrückt als Bodendecker unter Gehölzen das Unkraut

Das Dufthochbeet

In diesem Hochbeet versammeln sich dauerhafte Zwerggehölze und Stauden, die zu unterschiedlichen Jahres- und Tageszeiten duften. Man stellt es am besten an einen sonnigen bis halbschattigen Ort, wo man in Ruhe sitzen und entspannen kann. Der Platz sollte windgeschützt sein, damit sich die Aromen nicht so schnell verflüchtigen. Ob Sie das Duftbeet aus Holz oder Stein bauen, hängt von Ihren Vorlieben und den örtlichen Gegebenheiten ab. Freistehende Duftbeete aus Holz sind besonders schön als Kombination aus Beeten und einer Bank. Da es auch kletternde Duftpflanzen gibt, sollte man die Beetbank mit einer Pergola kombinieren. Dazu kann man auch auf fertige Systeme aus Sichtschutzwänden, Pergolen und (leider für die Duftgehölze zu klei-

Ein Duftplatz ist besonders wirkungsvoll, wenn man windgeschützt sitzen und die Pflanze in Nasenhöhe genießen kann. Rückwärtige Spaliere tragen Kletterpflanzen (ohne Stacheln!), an einer hohen, stabilen Pergola können auch Rosen emporranken. Die Pflanzkästen beherbergen ausdauernde und einjährige Duftpflanzen.

nen) Pflanzkübeln aus Holz zurückgreifen. Schöner ist natürlich ein selbst gebauter Duftplatz. Ist dieser leicht versenkt oder an einen Hang gelehnt, wird man ihn eher aus Stein bauen und Sitzmöbel dazustellen.

Die hier genannten Pflanzen sind auch im Hochbeet winterhart, sofern der Kasten etwa 120 Zentimeter Breite und etwa 60 Zentimeter Höhe hat. Die Klettergehölze sollte man aber in den gewachsenen Boden pflanzen und zur Pergola leiten und nur die Zwerggehölze und Stauden in die Hochbeete setzen. Im Sommer kann man auch noch einjährige Duftpflanzen in Töpfen dazustellen. Dafür sollte man einen wetterfesten Tisch bereithalten, oder man baut den Platz dafür gleich mit. Planen Sie auch noch eine stimmungsvolle Beleuchtung, können Sie das Arrangement auch noch in den Abendstunden genießen und gegebenenfalls im Winter vom Hause aus anschauen.

Substrat

Für die genannten Duftpflanzen brauche Sie normalen, mäßig nährstoffhaltigen Gartenboden bzw. eine ähnliche Substratmischung. Die Gehölze außerhalb des Beetes bekommen ein großes Pflanzloch und eine gute Portion Kompost sowie zwei Hände voll Hornspäne als Langzeitdüngung unter die Pflanzerde gemischt.

Tipp *Hornspäne und Hornmehl sind biologische Abfallprodukte und werden aus gemahlenen Hufen von Rindern gewonnen. Sie sind immer BSE-frei, da Hufe kein Nervengewebe enthalten. Die groben Späne stellen einen über viele Monate bis zwei Jahre wirkenden biologischen Stickstoffdünger für Gehölze dar, denn sie verrotten nur sehr langsam. Das feiner gemahlene Hornmehl wird von den Bodenbakterien schneller, meist innerhalb weniger Monate aufgeschlossen. Wer keinen tierischen Dünger verwenden möchte, verzichtet auf diesen Langzeiteffekt und düngt stattdessen regelmäßig mit Kompost oder Pflanzenjauchen, z. B. aus Brennnessel oder Beinwell. Bei pflanzlicher Düngung sollte man die Pflanzen allerdings nicht mit Holzhäcksel oder Rindenschrot mulchen, denn die Rotte der Mulchschicht entzieht dem Boden wertvollen Stickstoff, der dann den Pflanzen fehlt.*

Duftpflanzen am sonnigen bis halbschattigen Sitzplatz

Deutscher Name (Botanischer Name)	Wuchsform, Wuchshöhe	Blüte (Blühmonate); Duft und Stimmung
Moschus-Rose (Rosa moschata)	Klettergehölz an Rankhilfe, bis 3 m hoch; wenig Stacheln	rahmweiße Blütenbüschel (7 – 9); moschusartig, süß und schwer
Jelängerjelieber (Lonicera caprifolium)	Klettergehölz an Rankhilfe, bis 3 m hoch	gelb-weiß (6 – 9); süß und melancholisch (duftet in den Abendstunden, zieht Nachtfalter an)
Italienische Waldrebe (Clematis viticella)	Klettergehölz an Rankhilfe, bis 3 m hoch	violett (6 – 8); süß und heiter
Echter Lavendel (Lavandula angustifolia 'Dwarf Blue')	Halbgehölz, aufrecht bis 50 cm, nach Schnitt halbkugelförmig, mit silbrig blauem Laub	lilablau (7 – 8); würzig und leicht, (vermittelt Frische)
Ananas-Minze (Menta suaveolens 'Variegata')	Staude, schwach wachsend bis 50 cm, mit weißbuntem Laub	helllila (7 – 9); zitronig herb und belebend (Blätter als Tee und Gewürz verwendbar)
Grasblättrige Schwertlilie (Iris graminea)	Staude, niedrige Horste bis 30 cm mit schmalen Blättern	hellviolett (5 – 6); fruchtig frisch; (Duft erinnert an reife Pflaumen)
Duftende Nachtkerze (Oenothera odorata)	Staude, bis 80 cm Höhe	leuchtend gelb (6 – 9); blumiger betörender Duft (ab dem frühen Abend, zieht Nachtfalter an)
Zitronen-Blauminze (Nepeta x fassenii ssp. citriodora)	Staude, bis 40 cm Höhe, schnellwüchsig und bodendeckend	blau (5 – 9); Blätter duften zitronig minzig und sehr erfrischend
Wohlriechendes Veilchen (Viola odorata)	Staude, bis 10 cm Höhe, zieht ab Mai wieder ein	dunkelviolett (3 – 4); süßlich und heiter (erster duftender Frühlingsbote)

Teepflanzen auf der Terrasse

In vielen Neubaugebieten sieht man aufgeschüttete Terrassenhügel, auf denen die Hausbesitzer wie auf dem Präsentierteller sitzen. Oftmals wird versucht, sich mit Sichtschutzwänden und Pflanzkübeln vor neugierigen Blicken zu schützen. Die für die meisten Pflanzen zu kleinen Kübel müssen im Sommer dauernd gegossen und meist im Winter weggeräumt werden. Wie viel schöner und praktischer ist da eine halbhohe Mauer an der Terrassenkante, die als Hochbeet dient. Dabei dient der Raum zwischen den parallel gestellten Mauern als pflegeleichter Pflanzkasten. Hier kann man ausdauernde Kräuter und Teepflanzen, aber auch einjährige Blumen und essbare Blüten säen oder pflanzen. Zum

Solch ein Hochbeet gibt der Terrasse statischen und optischen Halt, schützt vor Wind und neugierigen Blicken, kann dekorativ bepflanzt werden und auch als Sitzgelegenheit dienen.

Essen braucht man im Sommer nur zuzugreifen und die dekorativen Köstlichkeiten über das Essen zu streuen. Spart man einige Abschnitte bei der Bepflanzung aus, kann man passende Holzroste auf die Mauer legen und darauf sitzen. Und im Winter findet hier die Weihnachtsdekoration einen wirkungsvollen Platz, z. B. auf den Fichtenzweigen, die man zum lockeren Abdecken empfindlicher Pflanzen nutzt.

Der Bau erfolgt wie bei einer Stützmauer und muss passend zum Hang gegründet und statisch berechnet werden. Die Mauer an der Hangseite muss am Fuße Aussparungen haben, damit das Regen- bzw. Gießwasser ablaufen kann. Die Mauer auf der Terrassenseite muss gegebenenfalls Abflusslöcher für die Terrasse bieten, wenn diese z. B. mit Platten bedeckt oder anderweitig versiegelt ist. In diesem Fall läuft das Terrassenwasser unter dem Hochbeet durch dessen Drainagefüllung hindurch zum Hang ab.

In das Hochbeet wird immer eine mindestens zehn Zentimeter hohe Drainageschicht aus grobem Schotter oder Kies gefüllt und mit einem Vlies abgedeckt, damit sich die Drainage nicht zusetzt. Obenauf füllt man das Substrat in mindestens 30 Zentimeter Höhe.

Noch praktischer ist das Hochbeet, wenn man es in doppelter Breite baut und von der Gartenseite im Stehen pflegen kann. Auf diese Weise kann man einen Terrassenhügel von einem Meter Höhe abfangen. Es können sich aber auch weitere Beete anschließen.

Substrat

Die genannten Arten wachsen in eher magerem, trockenem Substrat. Man sollte die beiden Mauerreihen auf eine Schotterschicht setzen und etwa zehn Zentimeter Schotter als Drainage füllen. Darauf kommt eine magere Mischung aus Sand und Kompost oder Dachsubstrat (vulkanischer Bims) und Kompost im Verhältnis von etwa 2:1. Sehr schön und nützlich ist eine zum Mauerstein oder den Terrassenplatten passende Mulchdecke aus hellem Splitt. Zum Sitzen oder zum Abstellen von Kübeln (z. B. auf den Mauerecken) kann man auch farblich passende Steinplatten auflegen.

Dekorative Tee- und Würzpflanzen für sonnige Terrassenbeete

Deutscher Name (Botanischer Name)	Wuchsform	Blütenfarbe, Blühzeit (Monate)
Anis-Goldrute (Solidago odora)	ausdauernde, aufrechte Staude, bis 60 cm hoch	leuchtend gelbe Rispen, 7
Bergminze, Steinquendel (Calamintha cretica)	ausdauernde niedrige Polsterstaude	blassrosa, 7 – 9
Chinesischer Gewürzstrauch (Elsholtzia stauntonii)	ausdauernder Halbstrauch, bis 120 cm hoch	rosa, 8 – 10
Indianernessel (Monarda-Hybriden 'Squaw')	ausdauernde Staude, aufrecht wachsend, bis 100 cm hoch	leuchtend rot, 7 – 8
Koreaminze (Agastache rugosa 'Korean Zest', 'Alba', 'Anisana')	mehrjährige winterharte Staude, bis 80 cm hoch	lila oder weiß, 7 – 9
Muskateller-Salbei (Salvia sclarea)	zweijährige Staude, bis 120 cm hoch, samt sich vor Ort selbst wieder aus	blassrosa bis lila, 6 – 8
Römische Minze (Calamintha spec. 'Hadrian')	kompakter Busch, bis 50 cm hoch	hellblau bis violett, 7 – 9
Rotlaubiger Fenchel (Foeniculum vulgare 'Rubrum')	Staude bis 150 cm, mit roten filigranen Blättern (ausdauernd nur bei Winterschutz)	grüngelbe Dolden, 6 – 8
Zitronen-Melisse (Melissa officinalis, verschiedene Sorten)	ausdauernde, buschig wachsende Staude mit panaschiertem Laub	weiß (aber besser vor der Blüte schneiden), 7 – 8

Nutzpflanzen in Hochbeeten

Für viele pflegeintensive Nutzpflanzen sind Hochbeete hervorragend geeignet, denn gerade hier kann man sich viele Rückenschmerzen ersparen. Außerdem hat man die Pflanzen immer in praktischer Höhe vor Augen, erkennt Schädlinge viel schneller und hat keine Probleme mit den Schnecken. Weniger pflegebedürftige oder hochwachsende Nutzpflanzen kann man aber getrost weiterhin am Boden ziehen, z. B. normale Kartoffeln und Stangenbohnen. Andere erreichen eine Höhe, die sie für halbhohe Beete prädestiniert, z. B. Beerensträucher. So macht es also Sinn, erst einmal zu überlegen, welche Pflanzen man bevorzugt und in welcher Beetart sie am besten aufgehoben sind. Über die Größe der Beete entscheiden der verfügbare Platz im Garten, aber auch die persönlichen und kulinarischen Vorlieben. Wer gleich mit einem Hochbeet-Gemüsegarten beginnen möchte, sollte sich mit den Themen Mischkultur und Fruchtwechsel vertraut machen. Es ist auch in Hochbeetkulturen aus verschiedenen Gründen sinnvoll, die Nutzpflanzen gemischt wachsen zu lassen und die Beete im Rotationsverfahren zu bepflanzen. Außerdem müssen alle notwendigen Infrastrukturmaßnahmen wie Bewässerung, Gerätehaus, Frühbeete oder Kompost mitgeplant werden.

Nutzpflanzen findet man als Samen (weniger als vorgezogene Pflänzchen) in großer Fülle in verschiedenen Sorten. Für den eigenen Anbau eignen sich besonders gut viele alte Sorten sowie moderne Minipflanzen. In beiden Fällen ist die Züchtung für den Garten und nicht, wie beim Großteil aller Nutzpflanzen, für den landwirtschaftlichen Erwerbsanbau erfolgt. Dabei wurden die Pflanzen nicht mit dem Ziel gezüchtet, dass z. B. alle Früchte möglichst groß sind, gleichzeitig reifen, sich leicht transportieren lassen oder schön aussehen. Vielmehr sind die Züchtungsziele bei den Gartensorten die Schädlingsresistenz ohne Einsatz von Bioziden und besonders der Geschmack. Bei den Blattsalaten und -gemüsen wird zudem auch auf dekoratives Aussehen geachtet, ohne dass Inhaltsstoffe und Geschmack darunter leiden.

Frische Blattsalate

Blattsalate eignen sich besonders gut für Anfänger, für Frischefans und Berufstätige, die es leid sind, abends beim Einkaufen immer nur die letzten, verwelkten Salatköpfe zu bekommen. Im Sommer ist der selbst gezogene Salat im Hochbeet schneckensicher untergebracht, im Winter kann man frischen Feldsalat ernten.

Salat wird immer wieder direkt ins Beet auf abgeernteten Stellen nachgesät, damit nicht alles auf einmal erntereif ist. Man unterscheidet Früh-, Sommer- und Wintersalate nach Säzeitpunkt, Kopf- und Pflücksalate nach der Art ihrer Ernte sowie verschiedene Salate nach ihrer botanischen Herkunft. Die passenden Salatkräuter (außer Petersilie!) pflanzt oder sät man am besten dazwischen, sofern man nicht ein separates Küchenkräuterbeet hat. Salatbeete können sehr dekorativ aussehen, wenn man verschiedene Blattfarben in Mustern kombiniert. Man kann aber auch bunte Mischungen von Blattsalaten aussäen. Dabei kann man mit einer Abdeckung aus Vlies, Folie oder mit einem Frühbeetkasten deutlich früher im Jahr beginnen und den Salat auch über Winter schützen.

Salat braucht viel Sonne, hat aber keine hohen Bodenansprüche (Mittel- bis Schwachzehrer). Da die Kopfsalate der Gattung *Lactuca* (laut vieler Gartenbücher) im nächsten Jahr nicht so gerne auf dem alten Standort stehen sollen, eignen sie sich als Folgepflanzen für Stark- und Mittelzehrer. Wer jedoch nur ein Salatbeet haben möchte, kann die Erde jedes Frühjahr mit etwas Kompost auffrischen oder mit Mischkulturen experimentieren. Salate verschiedener Pflanzenfamilien können Sie bedenkenlos nacheinander im gleichen Beet säen bzw. pflanzen.

Salate sehen in Hochbeeten aus Holz hübsch aus. Für moderne und kleine Gärten, aber auch für Mieter, eignen sich zum Salatanbau Metallbeete aus verzinktem und lackiertem Profilblech. Ihre Seitenmodule sind schnell aufgestellt, aber auch wieder abgebaut, und nicht zu schwer zu transportieren. Man kann die Beete quadratisch, rechteckig und achteckig aufstellen und zwischen vielen Farben wählen. Ebenso einfach kann man die schwarzen, runden Hochbeete aus Polyethylen (PE) aufstellen und mit Bambus- oder Weidenmatten verkleiden. Sie sind sehr preiswert und einfach wieder zu demontieren. Kleine Mengen von Mini-Salaten kann man auch in höher gestellten Kübeln, Wannen und anderen Behältern ziehen.

Substrat

Nehmen Sie normalen Gartenboden als oberste, etwa 30 Zentimeter (bei Endivien auch 40 Zentimeter) hohe Substratschicht. Zu fetter Boden wird mit Sand abgemagert. Selbst gemischt ist ein Teil Kompost und ein Teil lehmiger Sand ausreichend. Mulchen Sie die Pflänzchen im Sommer zwischen den Reihen, z. B. mit Rasenschnitt, größere Pflanzen auch mit Kompost. Salat liebt eine tägliche Dusche mit der Gießkanne. Für die Herbstsaat mit Feldsalat den Boden nur etwas lockern und nicht mehr düngen.

Salate für Hochbeete (Schwachzehrer bis Mittelzehrer)

Deutsche Namen (Botanischer Name)	Handelsnamen, Sorten	Wuchsformen, Blattaussehen	Geschmack; Bemerkungen
Asia-Salate (Brassica rapa var. japonica)	Red Giant, Mizuna, Roter Amchoi	spinatblattgroße, gezähnte, meist rötliche Blätter, auch als Saatmischungen erhältlich	pikant bis leicht scharf; mehrfacher Schnitt möglich, in milden Lagen bis in den Winter hinein
Chicorée (Cichorium intybus var. foliosum)	Chicorée, Radicchio, Zichoriensalat, Zuckerhut	Blattrosetten bildend, feste Köpfe	stark gebleicht nitrathaltig, ohne Bleichen leicht bitter; überwintert im Beet
Endivie (Cichorium indivia)	Endivie, Frisée, 'Diva', 'Eskariol', 'Wallonne', 'Markant'	gewellte bis geschlitzte Blätter	gelbe Blätter pikant, grüne Blätter etwas bitter; kann bei Herbstaussaat überwintern

Deutsche Namen (Botanischer Name)	Handelsnamen, Sorten	Wuchsformen, Blattaussehen	Geschmack; Bemerkungen
Feldsalat, Rapunzel (Valerianella locusta)	'Elan', 'Dunkelgrüner vollherziger', 'Holländischer Breitblättriger', 'Vit'	bildet kleine bis große, dunkelgrüne Blattrosetten	nussig; gedeiht auch im Halbschatten, kann ohne Schutz überwintern
Kopfsalat, Grüner Salat (Lactuca sativa var. capitata)	Frühlingssorten, Sommersalat, Eissalat, Eisbergsalat, Krachsalat, Batavia	es gibt Frühlings- und Sommersorten, alte und moderne Sorten, mit grünem oder rotgemustertem Laub, geschlossenen oder offenen Köpfen	mild, alte Sorten und offene Köpfe sind aromatischer; nur wenig säen, wöchentlich nachsäen
Mini-Kopfsalat (Lactuca sativa var. capitata)	Minis, Minisalat, Bindesalat, 'Forellenschluss'	alte Sorten mit rötlichen Blättern, sehr dekorativ	mild, nussig bis würzig
Pflücksalat, Schnittsalat (Lactuca sativa var. crispa)	Lollo, Eichblatt, Eichenlaub, Kraussalat, Römischer Salat	Rosetten bildend oder meist gekrauste Einzelblätter, grün, gemustert und rot	herzhaft und würzig, besonders die roten Sorten; wird in Reihen gesät, dekorativ als Einfassung
Salat-Rauke (Eruca sativa)	Rauke, Rucola, 'Roma', 'Runway'	ganzrandige grüne Blätter, bildet keine Köpfe	milder als Wilde Rauke; keimt sehr schnell, gedeiht auch im Halbschatten
Winter-Postelein (Montia perfoliata)	(keine Sortennamen bekannt)	fleischige, grüne, rautenförmige Blätter	mildnussig; überwintert auch nach dem Schnitt

Dekoratives Gemüse

Aus der Vielzahl der Gemüsearten und -sorten sind hier einige kulinarische Köstlichkeiten ausgewählt, die sowohl hübsch im Hochbeet aussehen als auch relativ anspruchslos sind. Man kann sie alle gemischt säen oder pflanzen, sollte dazu aber ihren Platzbedarf kennen. Manche dehnen sich eher unterirdisch aus, andere beanspruchen oberirdisch viel Platz. Pflanzt man sie abwechselnd in Reihen, kann man sie etwas dichter als auf der Samentüte angegeben zusammenrücken. So wird der Platz im Hochbeet besser ausgenutzt und der Boden beschattet. Die langsam wachsenden größeren Arten (z. B. Mangold) pflanzt man in die Mitte, schneller wachsende Arten und solche, die öfter geerntet werden (z. B. Buschbohnen) an den Rand des Beetkastens.

Dekoratives Gemüse sieht in allen Hochbeetformen und -materialien schön aus, seien sie rund oder eckig, aus Holz, Stein oder Metall. Hier muss man ebenso wie beim Salatanbau bedenken, dass die Beete die meiste Zeit im Jahr leer sind. Deshalb sollten sie, zumindest im Hausgarten, auch im Winter schön aussehen.

Substrat

Die genannten Gemüse sind Mittelzehrer, bevorzugen also einen mäßig nährstoffreichen Boden. Normaler Gartenboden mit etwas Kompost oder eine Mischung aus zwei Teilen Kompost und einem Teil lehmigem Sand sowie etwas Bentonit ist hier richtig. Solange noch nackter Boden zu sehen ist, mulcht man die Fläche mit Rasenschnitt oder Kompost.

Dekoratives Gemüse für Hochbeete (Mittelzehrer)

Deutscher Name (Botanischer Name)	Sorten, Wuchsformen	Blattformen, Blattfarben	Verwendung in der Küche
Asiatisches Blattgemüse (Brassica rapa convar. chinensis)	Pak Choi, Tatsoi, 'Grün im Schnee', Mizuna	dunkelgrüne, flache Rosetten oder lange Stiele, teilweise auch gefiederte Blätter	roh wie Blattsalat oder gedünstet wie Spinat
Fenchel (Foeniculum vulgare var. azoricum)	Knollenfenchel	zarte, fiedrige Blätter	roh und gedünstet
Grüne Bohne (Phaseolus vulgaris)	Buschbohnen	grüne, gelbe und violette Schoten	gekocht (roh giftig!)
Karotten (Daucus carota)	frühe und späte Sorten, kurze und lange Wurzeln	zart gefiederte Blätter	roh und gedünstet
Mangold (Beta vulgaris)	Stielmangold, Blattmangold	weiße, gelbe, orangefarbene und rote Blattrippen, grüne und rotgeäderte Blätter	Stiele gedünstet wie Spargel oder Schwarzwurzel, Blätter wie Spinat
Melde (Atriplex hortensis)	Gartenmelde, aufrechter Wuchs	grüne oder rote Blätter	gedünstet wie Spinat
Rettich, Radieschen (Rhaphanus sativus)	viele runde und längliche Sorten	grüne, rundliche Blätter	roh
Rote Bete (Beta vulgaris ssp. vulgaris)	runde oder walzenförmige Früchte	große, grüne, rotgeäderte Blätter an roten Stielen	roh, gedünstet und in Essig eingelegt
Winter-Zwiebel (Allium fistulosum)	auch Frühlings-, Lauch- oder Bund-Zwiebel, winterhart, mehrjährig	aufrechte, röhrenförmige Blätter	roh, gebraten und gedünstet

Aromatische Tomaten

Nur in warmen Lagen und sonnigen Gärten lohnt sich der Anbau von Tomaten wirklich. Aber da die »Paradiesäpfel« aus dem eigenen Garten viel besser schmecken als die meisten gekauften Sorten, ist der Eigenanbau immer einen Versuch wert. Besonders gut gelingt er mit kleinen robusten Sorten und in einem Gewächshaus. Ein Dach über den Pflanzen reicht aber auch, denn sie mögen keine Nässe auf den Blättern und Früchten, wohl aber ausreichend Wasser im Wurzelbereich. Außerdem brauchen sie viel Dünger, am besten abgelagerten Kuh- oder Pferdemist, sie sind also Starkzehrer. Mist sollte jedoch nicht direkt mit den Pflanzenwurzeln in Kontakt kommen. Entweder nutzt man ihn als Düngung im Sommer und legt ihn obenauf, verrührt ihn mit Wasser und gießt damit oder man packt ihn unter die Substratschicht, als »Fußbodenheizung« im frühen Frühjahr und Dünger im Sommer. Im letzten Fall ist eine passende Frühbeetabdeckung zu empfehlen, denn darunter kann man die Pflanzen schon viel früher ins Freiland setzen. Zum Glück mögen es Tomaten am liebsten, wenn sie Jahr für Jahr im selben Beet stehen. Sie bleiben gesund, wenn sie im eigenen Dunstkreis stehen und mit ihren eigenen Abfällen (z. B. ausgegeizte Triebe) gedüngt werden. So lohnt sich der Aufwand für ein eigenes Beet, gegebenenfalls mit Rückwand und Dach, damit die sonnenhungrigen und wärmeliebenden Exoten auch gut reifen.

Da es dann wesentlich einfacher ist, den Mist in das Beet zu schaufeln, sei hier ein niedriges und schmales Hochbeet aus Holzschwellen für zwei bis drei Reihen Tomaten empfohlen. Die Höhe des Beetrandes richtet sich auch nach den bevorzugten Sorten, denn man möchte weder die hohen Stabtomaten mit der Leiter pflücken noch sich zu den Buschtomaten bücken müssen. Wer auch ein Regendach und eine Rückwand plant, baut die passenden Eckpfosten gleich mit. Weitere Pfosten zum Spannen waagerechter Drähte sind auch sehr praktisch, da man hier die Tomaten einfach festbinden kann. Besonders die unbegrenzt in die Höhe wachsenden Stabtomaten brauchen guten Halt. Doch auch die niedrigeren Buschtomaten müssen festgebunden werden. Man kann das Beet gut ausnutzen, wenn man die kleineren

Sorten vor bzw. zwischen die größeren stellt und am Rand Ampel-tomaten pflanzt. Dazwischen pflanzt man Basilikum, das ähnliche Klimaansprüche hat und auch geschmacklich ganz hervorragend zu den Tomaten passt. Sehr hübsch und positiv als Nachbarpflanzen sind auch Tagetes, die den Boden vor Nematoden schützen sollen.

Man kann Tomaten nach der Größe, Form und Verwendung der Früchte, aber auch nach der Wuchsform der Stauden unterscheiden. Für das Hochbeet eignen sich die eher klein bleibenden Wuchsformen. Allerdings kann man bei allen Tomaten das Wachstum durch gezieltes Ausgeizen und Kappen der Spitzen beeinflussen.

Tomaten unterschiedlicher Wuchsformen für Hochbeete

Wuchsform	Sortenauswahl*	Fruchtfarben, Fruchtformen	Geschmack, Verwendung
niedrige Stauden, Cocktailtomaten	Mirabell, Minibel, Gnom, Yellow pearshaped, Wilde Johannisbeere, Gelbe Cherry, Goldbeere ...	rote, gelbe und orangefarbene, sehr kleine, runde Früchte	süß mit Wild-tomatenaroma, zum Rohessen und Naschen
niedrige, überhängende Ampeltomaten	Himbeerrose, Gartenperle, Wippersnapper ...	rosa, rote und gelbe, meist sehr kleine Früchte	süß, meist zum Rohessen
mittelhohe Buschtomaten	Balkonstar, Hoffmanns Rentita, Sub Arctic Maxi ...	rote oder gelbe, meist mittelgroße, runde oder längliche Früchte	süß, zum Rohessen oder Kochen
hohe Stabtomaten	Deutscher Fleiß, Matina, Hellfrucht, Süße von Ungarn, Schwarzer Prinz, Roma, Küsnachter ...	grüne, gestreifte, gelbe, rote bis schwarze, mittelgroße, große und sehr große, runde bis längliche Früchte	pikant bis süß, zum Rohessen, Dünsten oder Braten

* Ausgefallene und alte Sorten finden Sie nur über den Spezialhandel, der sich auf alte Kulturpflanzen spezialisiert hat, oder über Vereine, die sich für den Sortenerhalt stark machen (Adressen siehe Seite 149).

*Ein Tomaten-Hochbeet kann man selbst bauen, oder man kauft ein fertiges
Schutzdach aus durchsichtigem, festem Kunststoff oder Plastikfolie und montiert
es auf einen dazu passend gebauten Beetkasten. Angelehnte Hochbeete brauchen
keine Rückwand, profitieren aber von flexiblen Seitenwänden.
Das Beet muss mit der Vorderseite nach Süden zeigen.
Eine Wasserversorgung sollte in der Nähe sein.*

Substrat

Tomaten sind Starkzehrer, benötigen also einen gut gedüngten
Boden. Am besten bereitet man das Beet bereits im Herbst oder
Winter mit einer dicken, gestampften Mistpackung vor, die man gut
mit einer Schicht guten Substrates abdeckt. Im Frühjahr füllt man
die Substratschicht nochmals mit fettem Substrat auf. Die vorgezogenen Pflanzen werden ab Ende Mai oder Juni ins Freie gesetzt und
langsam abgehärtet. Nur viel Wärme und Sonne sowie gleichmä-
ßige Dünger- und Wassergaben führen zu einer guten Ernte. Am
besten düngt man die immer »hungrigen und durstigen« Pflanzen
regelmäßig mit verdünnter Brennnesseljauche oder eingeweichten
Pferdeäpfeln.

Obstgehölze und Obststauden

Erdbeeren in Hochbeete zu pflanzen, mag einleuchten, aber auch Obstgehölze? Doch wer schon einmal Johannisbeeren in gebückter Haltung geerntet hat, weiß, wie rückenschädlich das ist. Natürlich kann man sich dazu auch auf einen Eimer oder Rollhocker setzen, bequemer sitzt es sich aber auf dem etwa 50 Zentimeter hohen Hochbeetrand. Und auch der Schnitt älterer Triebe fällt leichter, wenn die Obststräucher etwas höher stehen.

Doch ein Hochbeet hat noch mehr Vorteile. So können an den Ecken des Beetes hohe, dauerhaft eingeschlagene Pfosten montiert werden. Sie dienen gleichzeitig zum Anschrauben der Beetwände, zum Anbinden des Gehölzes und zum Überwerfen eines Vogelschutznetzes. Die Pfosten müssen höher als die Kronen der Gehölze sein, damit Sie später die Netze so über die Sträucher hängen können, dass diese die Beeren nicht berühren. Haken oder Ösen an der Außenseite der Pfosten dienen der Netzbefestigung, damit sich keine Vögel darunter verirren. Spanndrähte zwischen den Pfosten machen das Anbinden von Klettergehölzen und Spalierobst leicht. Ein hübscher Pfostenkopf macht sie zu einem Schmuckstück im Garten.

Obstgehölze haben sehr oberflächennahe, empfindliche Wurzeln, sie müssen deshalb regelmäßig gemulcht werden. Genauso gut ist aber auch eine Bodenbedeckung mit Pflanzen, z. B. Walderdbeeren oder niedrigen Minzen. Diese kann man dann ganz bequem im Hochbeet ernten und das Beet anschließend mit Kompost mulchen.

Für einzeln stehende Sträucher oder Stämmchen eignen sich Schachtringe sehr gut, längliche schmale Beete lassen sich z. B. aus Schwellen bauen. Denken Sie aber auch an die Kletter- und Rankpflanzen wie z. B. Himbeeren oder Kiwis. Mit einem berankten Spalier sieht ein Hochbeetkasten richtig dekorativ aus. Am meisten Platz sparend ist eine Unterpflanzung der Obstgehölze mit bodendeckenden Erdbeeren, sie erschweren aber auch das Düngen. Doch wozu gibt es Hängeerdbeeren? An den Rand gepflanzt, nutzen sie den Platz optimal aus.

Die Breite des Beetes richtet sich nach der gewünschten Pflanzung. Probieren Sie für sich selbst aus, in welcher Haltung Ihnen das Pflegen und Ernten am leichtesten fallen würde. In Holzbauweise aus Schwellen oder mit höheren Pfosten gebaut, kann man ein Hochbeet jederzeit aufstocken. Höher als 50 Zentimeter sollte es aber nicht werden.

Substrat

Obstgehölze brauchen Kontakt zum Gartenboden, deshalb darf man hier keine Drainschicht und kein Vlies einbauen. Ein Kaninchendraht wird zwar durchwurzelt, erschwert aber auch das Roden alter Gehölze. Tragen Sie für das Beet die oberste Bodenschicht ab, sofern darauf Rasen oder Unkraut wächst, und lockern Sie den Boden mit einer Grabegabel. Stellen Sie dann die Konstruktion auf und befüllen Sie das Beet mit einer leicht lehmigen, humosen Erdmischung. Mulchen Sie die Gehölze nach der Pflanzung mit reifem Kompost, Rasenschnitt oder Laub oder pflanzen Sie eine bodendeckende Erdbeersorte.

Obstgehölze und Obststauden für niedrige Hochbeete (25 bis 50 Zentimeter Höhe)

Namen	Wuchsform	Empfohlene Hochbeetform, Hochbeethöhe, Besonderheiten	Pflanzung, Standort
Äpfel, Birnen, Aprikosen, Kirschen	Spindelbüsche	rund oder länglich, Pfosten zum Anbinden und für Netze mitplanen	hübsch in Einzelstellung
Erdbeeren	Staude (bodendeckende und überhängende Wuchsformen)	in niedrigen Beeten als bodendeckende Unterpflanzung für Obstgehölze; in hohen Beeten in Reihen	in Reihen oder einzeln, überhängend am Beetrand
Heidelbeeren, Preiselbeeren, Moosbeeren	kleine Sträucher	länglich, quadratisch, vieleckig oder rund	hübsch in Gruppen auf Spezialsubstrat, auch unter lichten Gehölzen
Himbeeren, Brombeeren, Taybeeren	Kletterpflanzen (Spreizklimmer)	länglich, auch angelehnt, Pfosten für Spanndrähte mitplanen	ein- oder zweireihig
Johannisbeeren, Stachelbeeren, Jostabeeren	Sträucher	länglich, Pfosten für Netze mitplanen	ein- oder zweireihig im Versatz
Johannisbeeren, Stachelbeeren, Jostabeeren	Stämmchen	Pfosten für Netze und Kronenstütze sowie zum Anbinden mitplanen	am besten einzeln, auch in Dreiergruppen oder in Reihen
Weinrebe, Kiwi, Feigen, Birnen, Pfirsiche und andere Spalierpflanzen	Spalierobst (viele Formen möglich)	länglich für Reihen oder halbkreisförmig für Einzelpflanzung, angelehnt an Mauer nach Süden	Spalier an warmer Südmauer anbringen

Frühkulturen

Ein Hochbeet eignet sich besonders gut als Frühbeet, wenn man es einfach mit einer passenden Scheibe abdecken kann. Die Pflänzchen müssen dazu aber etwas tiefer im Kasten sitzen, damit sie beim Wachsen nicht an die Scheibe stoßen. Sie bekommen nur Licht von oben und wachsen so meist zu schnell und wenig kompakt (sie schießen). Besser ist daher ein Frühbeet mit lichtdurchlässigen Seitenwänden, das man auf ein Hochbeet setzt. Schwere Holzkonstruktionen bleiben auf einem passenden breiten Rand von selbst stehen, die leichten Aluminiumbeete mit Kunststoffscheiben müssen bei Wind festgebunden werden. Dies geht einfach mit an der Beetinnenseite montierten Ösen und Draht- oder Kabelstücken, die man um den Mittelsteg des Frühbeetkastens schlingt.

Es gibt Frühbeetkästen mit Pultdach und solche mit Satteldach. Bei vielen kann man die Scheiben mit einem Handgriff entfernen, was das Arbeiten am Beet wesentlich erleichtert. Die Scheiben müssen außerdem mit feststellbaren, windsicheren Aufstellern versehen sein, sodass man die Neigung verändern kann.

Suchen Sie sich am besten erst das Frühbeet aus, und bauen Sie sich dann das dazu passende Hochbeet. Am praktischsten ist es, wenn mehrere Hochbeete dazu passen, dann können Sie das Frühbeet immer dort aufstellen, wo gerade eine neue Kultur gesät wurde, abgehärtet oder vor zu viel Regen geschützt werden muss (Wanderbeet). Und auch im Winter leistet es gute Dienste und schützt winterharte Pflanzen, z. B. Feldsalat, vor Schnee, sodass man sie laufend ernten kann. Größere Frühbeetabdeckungen (auch solche in Leichtbauweise) kann man nur zu zweit von einem Beet aufs nächste heben. Wollen Sie das Frühbeet selbst bauen, sollten Sie nur gutes, dauerhaftes Holz oder Aluprofile und UV-durchlässige Gläser oder UV-stabile Kunststoffplatten verwenden.

Besonders warm haben es die Pflanzen in einem angelehnten, nach Süden zeigenden Frühbeet mit Fußbodenheizung aus verrottendem Mist. Hier bekommen sie Wärme von unten und von der Rückwand. Die Scheiben sorgen dafür, dass besonders nachts keine Wärme durch Abstrahlung verloren geht. Man muss die Stellung der Scheiben aber

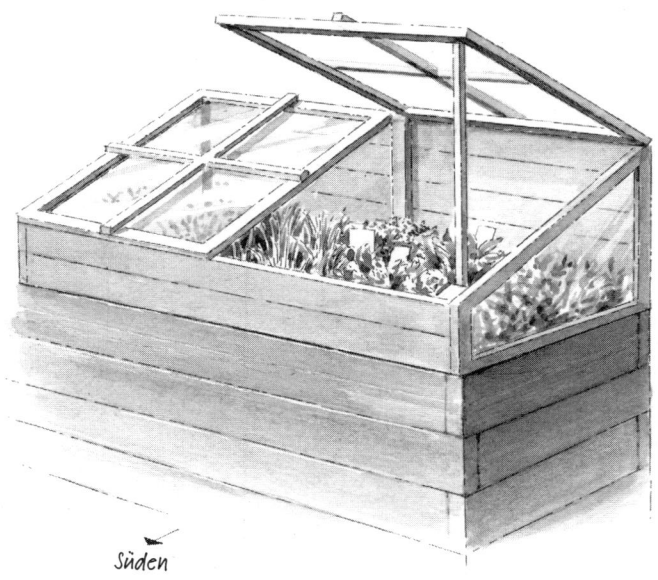

Süden

Auf einem freistehenden Beet sind Frühbeetabdeckungen mit Satteldach, bei angelehnten Beeten solche mit Pultdach, und einfach zu entfernenden Scheiben sehr praktisch. In windigen Lagen stehen die Pflanzen so auch ohne Dach windgeschützt zwischen den lichtdurchlässigen Seitenwänden. Am praktischsten ist ein »Wanderfrühbeet«, das man auf drei oder vier verschiedene Hochbeete stellen kann. So kann man den Kulturwechsel vom Mistbeet über Stark-, Mittel- und Schwachzehrer am einfachsten bewerkstelligen.

gut kontrollieren, damit es über Mittag nicht zu warm im Beetkasten wird, denn auch die Frühlingssonne kann das Beetinnere schon stark aufwärmen.

Will man das Frühbeet im zeitigen Frühjahr als Mistbeet, also mit Fußbodenheizung, nutzen, eignet sich ein Beetkasten mit herausnehmbarer Vorderwand, sodass man den Mist einfach entfernen bzw. neu aufschichten kann (siehe auch Seite 81). Noch praktischer sind Hochbeete, deren Höhen durch flexible Seitenwände jederzeit angepasst werden können. Da die Seitenwände hier aber meist Bretter sind, die keine geeignete Auflage für das Frühbeet darstellen, muss man das Frühbeet in das Hochbeet, direkt auf die Erde stellen. Es muss also schmaler als der Beetkasten sein und zwischen die Pfosten passen.

117

Substrat

Die Substratmischung richtet sich auch hier nach der gewählten Kultur. Zur Anzucht der meisten Pflänzchen sollte es eher mager sein. Ab einer gewissen Größe werden die vorgezogenen Pflanzen dann in ein anderes Beet umgesetzt. Will man eine »Fußbodenheizung« im Frühbeet, wird unter das magere Substrat im späten Winter eine Schicht aus Mist gelegt, gewässert und verdichtet. Danach muss sie mindestens 14 Tage bei geöffneten Frühbeetscheiben ausdünsten können. Die Substratschicht für die Saat darüber sollte mindestens 20 Zentimeter hoch sein, damit die empfindlichen Pflanzenwurzeln keinen Kontakt zum Mist haben. Starkzehrer wie Tomaten können in diesem Beet bleiben, Mittel- und Schwachzehrer sollten umgesetzt werden.

Neben festen Frühbeetscheiben und -kästen kann man auch Folientunnel oder Folienkästen als Abdeckung eines Hochbeetes nutzen. Will man gebogene Rundstäbe (z. B. Federstahlrundstäbe) für ein Foliendach nutzen, kann man dazu passende Löcher in den Beetrand bohren, in die man die Stäbe einfach stecken kann. Wird das Dach abgebaut, verschließt man die Löcher mit Holzdübeln oder Ähnlichem. Die Rundstäbe können aber auch im Sommer für Regenschutz und im Winter für eine Vliesabdeckung genutzt werden. Wichtig ist, dass sich das Frühbeet einfach lüften lässt, indem man z. B. die Folie auf einem Rundstab aufwickelt und diesen in Haken oder Schlingen an hohen Eckpfosten einhängt.

Eine andere Befestigungsmöglichkeit für die gebogenen Rundstäbe sind rostfreie Ösen, die man in passenden Abständen an die oberen Innenkanten des Beetkastens schraubt. Hier hinein kann man die Stäbe für die Folienzeltkonstruktion stecken. In windigen Gegenden steckt man die Federstäbe paarweise im Abstand von etwa fünf Zentimetern in vorbereitete Löcher oder Ösen, damit man die Folie im Wechsel über und unter den Stäben in Längsrichtung hindurchziehen kann. So kann man sie auch an den Seiten zur Belüftung hinaufschieben und wieder herunterziehen, ohne dass sie weggeweht wird.

Hochbeetbepflanzungen für Ästheten

Pflanzungen mit bewusster farblicher Gestaltung erzielen meist eine eindrucksvollere Wirkung als willkürlich zusammengestellte Beete. Während einfarbige Beete manchmal sehr edel, oft aber eher langweilig wirken, sind zweifarbige Beete durch ihre Kontraste meist sehr interessant. Zum gewünschten Farbton muss man zudem die Jahreszeitenaspekte der Pflanzen berücksichtigen. Dabei spielen nicht nur die Blüten, sondern auch die Laubfarben, besonders bei den Immergrünen im Winter, eine wichtige Rolle.

Übliche Staudenrabatten erzielen eine eindrucksvolle optische Wirkung, wenn man sie höhengestaffelt mit hohen Stauden und Horstgräsern im Hintergrund pflanzt. Im Hochbeet wirken dagegen auch kleine Stauden, die am Boden leicht übersehen werden, schön. Außerdem kann man hier überhängende Stauden und Zwerggehölze schön zur Geltung bringen. Stauden mit interessanten Blüten, Blättern und Stängeln können hier aus der Nähe viel besser betrachtet werden, genauso wie ihre Besucher aus dem Insektenreich. Doch auch die anderen Sinne werden angesprochen: Kleine Pflanzen mit schmeichelnder Textur können im Vorübergehen angefasst und der Geruch duftender Blüten und Blätter kann ohne Bücken genossen werden.

Da der Bau von Hochbeeten relativ aufwendig ist, sollte man sich vorher genau überlegen, welche Pflanzen darin zur Geltung gebracht werden sollen und aus welchem Blickwinkel das Beet hauptsächlich betrachtet wird. Besonders attraktiv sind Beete, die in Form und Bauweise mit der Bepflanzung harmonieren. Hier sollen einige Möglichkeiten vorgestellt werden und Sie dazu anregen, Ihrer eigenen Fantasie und Kreativität freien Lauf zu lassen.

Ein Sonnenbeet

Ein orange-gelbes Staudenbeet ist ein echter »Hingucker« und muss sorgfältig geplant werden. Rötliche Farbtöne lassen eine Pflanzung näher erscheinen und wecken ebenso wie gelbe und orangefarbene die Aufmerksamkeit, strahlen Wärme und Lebensfreude aus. Damit die Pflanzen ihre volle optische Wirkung entfalten können, sollten sie sowohl in der Höhe als auch farblich abgestuft und nicht zu dicht gepflanzt werden. Steht wenig Platz zur Verfügung, setzt man dazu wenige Pflanzen in ein rundes Beet von maximal 125 Zentimeter Durchmesser. Die hohen dauerhaften Stauden oder ein passendes kleines Gehölz kommen in die Mitte, die niedrigen Stauden und die Einjährigen an den Rand.

Wer mehr Platz zu vergeben und handwerkliches Geschick hat, kann sich Hochbeete in Form von Kreissektoren aus Steinen, Schwellen oder Brettern bauen und sie wie Sonnenstrahlen anordnen (siehe Seite 44). Mit der Kreisform lässt sich gut arbeiten, je nachdem wie

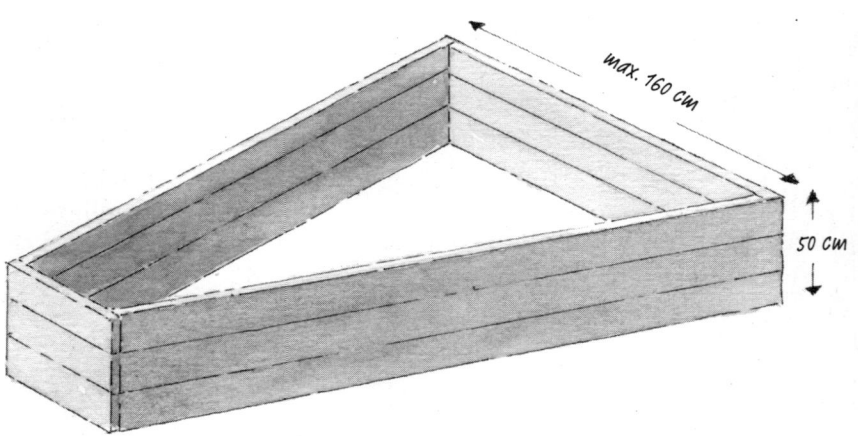

Drei dieser Beete reichen völlig aus, um den »strahlenden« Effekt zu erhalten. Sie können die Beetränder und -ecken auch gelb, orange und rot streichen, damit die Wirkung auch im Winter erhalten bleibt. Die Pflanzung kann gemischt oder farblich abgestuft sein.

der Garten geschnitten ist, kann die Form daran angepasst werden: Ein Halbkreis passt beispielsweise gut auf ein längliches Beet oder er rückt das Ende eines langen schmalen Gartens optisch näher zum Betrachter. Ein Viertelkreis betont eine Gartenecke.

Die spitzen, den Innenkreis markierenden Enden der Beete sollte man stumpf abschneiden, sonst droht Verletzungsgefahr, die den Außenkreis markierenden Enden der Beete sollten 160 Zentimeter nicht überschreiten. Die Wegebreiten zwischen den Beeten sollten an den schmalsten Stellen 80 Zentimeter nicht unterschreiten.

Der Innenkreis kann mit einem runden oder halbrunden Beet, aber auch als runder Platz mit einem runden Tisch, einem Brunnen oder einem Gehölz markiert werden. Das Verhältnis der Durchmesser von Innen- und Außenkreis sollte etwa 1:3 bis 1:4 entsprechen. Für die Konstruktion zeichnet man sich den zur Verfügung stehenden Platz auf und schlägt mit dem Zirkel den äußeren und inneren Halbkreis. Dann teilt man den Halbkreis mit einem Lineal in eine ungerade Zahl von Sektoren bei Beachtung der erforderlichen Wege- und Beetbreiten. So erhält man die Maße für die Einzelbeete. Baut man die Beete vor Ort aus Steinen oder Schwellen, muss man sich die passenden Stellen mittels Pflöcken und Schnüren markieren. Baut man die Beete als fertige Kästen aus Brettern (in der Werkstatt), kann man sie wegen des Gewichtes auch in zwei Teilen bauen, die man anschließend vor Ort aneinanderrückt.

Die Höhe der Beete sollte aus optischen und ergonomischen Gründen etwa 50 bis 60 Zentimeter betragen. So wirken die Beetkästen nicht zu wuchtig und man kann die Einjährigen am Rande bequem im Sitzen aussäen. Die dauerhaften Stauden setzt man in die Mitte des Beetes. Damit es im Winter nicht zu kahl aussieht, sollte man auch einige immergrüne Zwerggehölze (z. B. Buchs) und immergrüne Horstgräser oder die immergrüne, sparrig wachsende Korsische Nieswurz (*Helleborus argutifolius*) dazupflanzen, und auf alle Fälle auch die abgestorbenen Stauden über den Winter stehen lassen.

Wie im üblichen Staudenbeet muss man die verschiedenen Höhen und Blühzeitpunkte der Pflanzen berücksichtigen. Für den Winter sollte man immergrüne Horstgräser und / oder gelbblühende Halbge-

hölze, z. B. Heiligenkraut *(Santolina)* oder Salbei mit gelbgrün pana-
schiertem Laub vorsehen. Die immergrünen Zwerggehölze wie die
Ginster-Arten können über den Beetrand hängen, Buchs (gegebenenfalls mit gelbbuntem Laub) kann in Form geschnitten werden. Dazwischen kann man Zwiebeln von Frühblühern stecken und in Lücken
Sommerblumen säen oder pflanzen.

Mehrjährige niedrige Stauden für das orange-gelbe Sonnenbeet mit magerem Boden

Deutscher Name (Botanischer Name)	Wuchsform, Wuchshöhe	Blütenfarbe, Blühzeit (Monate)	Bemerkungen
Krokus *(Crocus x luteus,* verschiedene Sorten)	grasartige Blätter, 10 cm	leuchtend gelb, 2 – 3	Zwiebelpflanze, zieht ein
Narzisse *(Narcissus-*Hybriden, verschiedene Sorten)	büschelartig, 30 cm	goldgelb, blassgelb, 3 – 4	Zwiebelpflanze, verwelkte Blätter abschneiden
Steppen- Wolfsmilch *(Euphorbia seguieriana ssp. niciciana)*	aufrecht, 10 – 30 cm	grüngelb, 4 – 6	neigt zum Wuchern
Wiesen- Schlüsselblume *(Primula veris)*	büschelartig, 10 – 20 cm	gelb, 4 – 6	zieht ein
Kokardenblume *(Gaillardia* 'Kobold','Mandarin')	breitbuschig, 25 cm	gelber Rand, orangene Mitte 4 – 10	Staude muss alle drei Jahre geteilt werden
Gold-Lauch *(Allium moly* 'Jeannine')	grasartige, graugrüne Blätter, 10 – 30 cm	goldgelb, 5 – 6	Zwiebelpflanze, gute Drainage nötig
Kahler Frauenmantel *(Alchemilla epipsila)*	polsterförmig, 20 – 40 cm	gelb, 5 – 6	für trockene, magere Böden gut geeignet
Taglilie *(Hemerocallis-*Hybriden 'Corky')	grasartige Blätter, dunkle Stängel, 40 cm	goldgelb, 5 – 6	rot schattierte Knospen

Deutscher Name (Botanischer Name)	Wuchsform, Wuchshöhe	Blütenfarbe, Blühzeit (Monate)	Bemerkungen
Nachtkerze (Oenothera fruticosa)	büschelartige, dunkle Blätter, 40 cm	goldgelb, 5 – 7	rot getönte Knospen
Sonnenröschen (Helianthemum, verschiedene Arten und Sorten)	flacher, immergrüner Halbstrauch, 20 cm	goldgelb, 6 – 8	besonders geeignet für kargen, trockenen, kalkhaltigen Boden
Garten-Fetthenne (Sedum floriferum 'Weihenstephaner Gold')	glänzende Blätter, 10 – 15 cm	goldgelb, 6 – 9	immergrüne Sukkulente für kalkhaltige Böden
Goldhaar-Aster (Aster lynosiris)	aufrecht, 15 – 40 cm	goldgelb, 9 – 10	zartes Laub
Große Fetthenne (Sedum telephium ssp. maximum)	aufrechte Stängel, 20 – 40 cm	hellgelb, 9 – 10	vertrocknete Blütenstände über Winter stehen lassen
Myrten-Aster (Aster ericoides 'Golden Spray')	buschig, 30 – 60 cm	weiß mit gelber Mitte, 9 – 10	blüht lange bis in den Herbst hinein

Substrat

Für das Sonnenbeet reicht eine magere Mischung aus Unterboden oder lehmigem Sand, beides mit etwas Kompost gemischt, von 30 Zentimeter Dicke aus. Je nach Lehmanteil sollte man als Drainage etwas vulkanischen Bims, besser noch Kalksplitt untermischen. Jedes Frühjahr, nach dem Abschneiden der Stauden und der Aussaat der Einjährigen, gibt man wieder etwas reifen Kompost als Mulchdecke obenauf. Das Beet muss im Sommer regelmäßig gegossen werden.

Ein- und zweijährige Sommerblumen für das Sonnenbeet mit gut durchlässigem, nährstoffarmem Boden

Deutscher Name (Botanischer Name)	Wuchsform, Wuchshöhe	Blütenfarbe, Blühzeit (Monate)	Bemerkungen
Strohblume (Helichrysum bracteatum)	steife, aufrechte Stängel, 30 – 60 cm	orangerot mit gelber Mitte, 4 – 9	gute Schnitt- und Trockenblume
Kalifornischer Goldmohn (Eschscholzia californica)	lockere Matten bildend, 15 – 30 cm	goldgelb bis orange, 5 – 9	ein- bis zweijährig, sät sich selbst aus
Ringelblume (Calendula officinalis, verschiedene Sorten)	buschig, 30 – 50 cm	gelb, orange, 5 – 9	welke Blüten entfernen
Große Kapuzinerkresse (Tropaeolum majus)	überhängend, 30 cm	gelb, orange, rot, 5 – 10	rankt stark über den Beetrand, Blüten und Blätter essbar
Kapuzinerkresse (Trapaeolum majus 'Alaska Gold')	buschig, 20 – 30 cm	goldgelb, 5 – 10	nicht rankende Sorte, essbar
Färberkamille (Anthemis tinctoria)	locker buschig, 60 cm	leuchtend gelb, 6 – 8	zweijährig
Echtes Leinkraut (Linaria vulgaris)	aufrecht, 20 – 30 cm	hellgelb, 6 – 9	sät sich selbst aus
Polster-Studentenblume (Tagetes tenuifolia, verschiedene Sorten)	Polster bildend, 15 – 20 cm	gelb, orange, mit brauner Mitte, 6 – 9	wehrt Nematoden ab, zieht Marienkäfer an
Busch-Zinnie (Zinnia angustifolia)	kompakte Horste, 30 – 40 cm	gelborange, 6 – 10	warme Vorkultur nötig, blüht unermüdlich
Husaren-knöpfchen (Sanvitalia procumbens 'Yellow Carpet')	kriechend oder rankend, 15 – 30 cm	gelb mit dunkelbrauner Mitte, 6 – 10	guter Bodendecker

*Die Bepflanzung mit Gräsern
und blau blühenden Stauden lässt
dieses Beet wie einen Bachlauf wirken.
Kleine weiße Blüten lassen den »Bach«
heller wirken, eine Mulchdecke aus
Rundkies verstärkt den Eindruck noch.*

Ein »Bachlauf« im Halbschatten

Blaue Blüten wirken im Gegensatz zu gelben Blüten eher dezent und geheimnisvoll. Sie rücken das Beet optisch weiter weg vom Betrachter. Viele blaue Blüten leuchten erst so richtig bei tief stehender Sonne und im lichten Schatten. Dazwischengepflanzte, duftige weißblühende (z. B. Schleierkraut) und silbrige Stauden, Gräser oder Halbgehölze (z. B. weißblühender Salbei) lockern die Pflanzung auf und verstärken die Wirkung der blauen Blüten. Als schmale Rabatte gepflanzt, sind auch Stauden mit verschiedenen Bodenansprüchen sehr pflegeleicht, da man gegebenenfalls einzelne Gefache für die Bepflanzung abtrennen kann.

Das hier vorgestellte Beet in Wellenform eignet sich zweiseitig freistehend gebaut gut als Wegbegleiter, vor einer Hecke oder einseitig angelehnt vor einer Mauer. Für den Bau eignen sich Gabionen, die mit Kieselsteinen gefüllt werden. Die Drahtkörbe können in beliebiger Länge und wellenförmig aneinandergereiht werden. So kann man es auch nach Belieben jederzeit verlängern. Das Beet kann aber auch aus hellgrauem Stein, Beton, zu einem Drittel eingegrabenen PE-Platten mit Kiesschüttung als Vorsatz oder aus silberfarbenen Wellblechstreifen gebaut werden. Die Beettiefe ist variabel, sollte aber eher schmal, etwa 50 Zentimeter sein, um die Wirkung eines Wasserlaufs oder einer Welle zu erhalten. Die Länge sollte mindestens fünf Meter, das Verhältnis von Breite zu Länge etwa 1:10 und darüber betragen.

Grenzt eine Rasenfläche an das Beet, muss man es in großzügigen Schwüngen und mit breiter Mähkante bauen. Die Beethöhe richtet sich nach den Gegebenheiten im Garten. An eine hohe Mauer gelehnt, kann das Beet auch höher sein, vor einer Hecke und als Wegbegleiter besser nur 30 bis 50 Zentimeter hoch. Man braucht hier keinen Sitzrand, denn solch ein schmales Beet kann man auch seitlich, auf einem Rollhocker sitzend, gut pflegen.

Bei der Bepflanzung kann man die Wellenform noch unterstreichen, wenn man die Stauden in der Höhe abstuft, sodass sich auch hier eine Welle ergibt. Die passenden graublauen Gräser, z. B. Blau-Schwingel (*Festuca glauca*), Blaugrünes Schillergras (*Koeleria glauca*) und Goldgelbe Segge (*Carex elata* 'Aurea') sollte man im Beet in kleinen Gruppen in Abständen dazupflanzen, damit das Beet auch im Winter wie ein

In der Seitenansicht wird die Wellenform durch eine
in der Höhe abgestufte Bepflanzung unterstrichen.

Bachlauf aussieht. Beim angelehnten Beet wird die Wirkung von hohen Gräsern (z. B. Bambus) in den Buchten an der Mauer unterstrichen. Man kann die Bachlaufwirkung zusätzlich mit in das Beet gesteckten, blauen Gartenkugeln auf verschieden hohen Stäben unterstreichen. Kleine weiße Blüten lockern die Pflanzung auf und lassen den »Bach« heller und »schäumender« wirken.

Mehrjährige blaublühende Stauden für ein niedriges Hochbeet im Halbschatten

Deutscher Name (Botanischer Name)	Wuchsform, Wuchshöhe	Blühzeit (Monate)	Bemerkungen
Sibirischer Blaustern (Scilla siberica)	Teppiche bildend, 10 – 15 cm	3 – 4	im Sommer einziehend
Traubenhyazinthe (Hyacinthoides non scripta)	kleine Büschel, 10 – 15 cm	3 – 4	im Sommer einziehende Zwiebelpflanze
Schmalblättriges Lungenkraut (Pulmonaria angustifolia 'Azurea')	kompakte Staude, 20 – 30 cm	3 – 5	enzianblaue Blüten, raue Blätter
Blaues Lieschen (Omphalodes cappadocica)	büschelig, 10 – 20 cm	4 – 5	in rauen Lagen frostgefährdet
Kleines Immergrün (Vinca minor, verschiedene Sorten)	bodendeckendes Halbgehölz, 10 – 15 cm	4 – 5	bildet lange, eng am Boden anliegende Triebe
Kaukasus-Vergissmeinnicht (Brunnera macrophylla)	bodendeckend, 10 – 15 cm	4 – 6	bildet Teppiche
Kriechender Günsel (Ajuga reptans, verschiedene Sorten)	Teppiche bildend, 5 – 10 cm	4 – 6	Sorten mit verschiedenen Laubfarben

Deutscher Name (Botanischer Name)	Wuchsform, Wuchshöhe	Blühzeit (Monate)	Bemerkungen
Gewöhnliche Akelei (Aquilegia vulgaris)	aufrecht, 30 – 60 cm	5 – 6	sät sich selbst aus
Sibirische Schwert-Lilie (Iris sibirica)	dichte Horste, 50 – 100 cm	5 – 6	muss nicht sehr oft geteilt werden
Himalaya-Storchschnabel (Geranium himalayense, verschiedene Sorten)	kompakter Wuchs, 40 – 50 cm	6 – 9	Rückschnitt nach der ersten Blüte
Breitblättrige Glockenblume (Campanula latifolia)	aufrecht, 40 – 80 cm	7 – 8	sät sich selbst aus
Herbst-Eisenhut (Aconitum carmichaelii ‚Arendsii')	aufrecht, 80 – 120 cm	9 – 10	sehr giftig!
Schwalbenwurz-Enzian (Gentiana asclepiadea)	weidenartige Blätter, 70 – 90 cm	9 – 10	braucht Ruhe und einen kühlen Standort

Substrat

Das Substrat für das Beet sollte aus einer humusreichen Mischung von wenig lehmigem Sand, reifem Kompost und etwas Laubkompost bestehen. Man kann aber auch normale, unkrautfreie Gartenerde mit Laubkompost mischen. Wenn man die Pflanzung mit feinem, hellgrauem Rundkies mulcht oder größere Kiesel in Gruppen und um die Gräser herum dazulegt, wird die Bachlaufwirkung zusätzlich unterstrichen.

Lichtflecke im Schatten

Der trockene Platz unter der Baumkrone muss selbst bei Nadelbäumen nicht kahl aussehen. Viele heimische Stauden, Gräser und Farne gedeihen im Schatten unter Bäumen, wenn man ihnen ein Hochbeet mit passendem Substrat gönnt und sie im Sommer ab und zu gießt. Als Einfassung eignen sich Stamm- und Astabschnitte, die oftmals beim Fällen zu groß gewordener Bäume in Garten anfallen. Am längsten haltbar ist das Holz von Eiche, Lärche und Zeder, aber auch Kiefer und Buche halten einige Jahre. Man kann die Hölzer legen oder stellen, je nach Beetform.

Solche Beete sind besonders für die preiswerte Renovierung alter Gärten geeignet, wenn Holz beim Fällen von Bäumen anfällt und unter den verbleibenden Bäumen nichts mehr wächst. Man braucht das Holz nicht entsorgen und schafft hübsche pflegeleichte Beete an problematischen Standorten. Nur unter alten Fichten und Tannen ist es dafür zu trocken und zu dunkel.

Mit übereinandergelegten langen Stammabschnitten kann man ein Vieleck bauen. Die Stämme werden mit eingeschlagenen Holzpfosten von außen gestützt oder besser noch, von innen an Metallpfosten geschraubt. Allerdings ist es meist schwierig, dicke Holzpfosten zwischen den Wurzeln eines größeren Baumes einzuschlagen, sodass dünne Metallstäbe oft die bessere Wahl sind. Dabei sollte aber darauf geachtet werden, dass sie nicht die Baumwurzeln beschädigen. Verbindet man die Ecken des Vielecks in Blockbautechnik miteinander, kann dieser Rahmen auch ohne Pfosten stabil stehen bleiben, wenn die Erde in der Mitte aufgefüllt wurde (siehe dazu Seite 74).

Ein rundes Beet baut man aus gleich langen Stammabschnitten (Stubben) von etwa 40 Zentimeter Länge, die im passenden Abstand um den Baum herum gestellt werden. Aufrecht stehende dicke Baumstubben kann man mit einem innen angeschraubten Metallband, zwei parallel laufenden Drähten oder dem nach innen hochgeschlagenen Kaninchendraht und Krampen miteinander verbinden. Oder man stellt sie einfach um ein niedriges rundes Hochbeet (Pflanzring) aus Polyethylenplatten außen herum. Die schwarzen PE-Platten kann man auch mit preisgünstigen Schwartenbrettern verkleiden, die von innen aufgeschraubt werden. Ein Draht gegen Mäuse am Boden ist hier unbedingt nötig, da die Tiere trockene, aufgeschüttete Beete lieben. Die Beetbreite unter großen Bäumen ist meist zu groß, um das Beet vom Rand her zu pflegen, denn der Beetrand sollte nicht gerade unter der Kronentraufe des Baumes verlaufen, da dann die Hölzer besonders schnell verrotten. Deshalb spart man bei der Bepflanzung Wege oder Trittflächen aus, die man einfach betreten kann. Nach der Pflanzung wird das Beet mit Laub, Holzhäcksel oder Rindenmulch abgedeckt und anfangs reichlich gegossen. Wer die Hornspäne beim Pflanzen vergessen hat, kann sie auch dann noch unter der Mulchdecke ausstreuen.

Stauden und Gräser für Hochbeete im Schatten unter Bäumen

Deutscher Name (Botanischer Name)	Wuchsform, Wuchshöhe	Blütenfarbe, Blühzeit (Monate)	Bemerkungen
Armenische Traubenhyazinthe (Muscari armeniacum)	kleine Büschel, 10 – 15 cm	blau, 3 – 4	im Sommer einziehende Zwiebelpflanze
Busch-Windröschen (Anemone nemorosa)	sommergrüne Staude, 20 – 30 cm	weiß, 3 – 4	dichte Teppiche im Frühling, zieht ab Mai wieder ein
Sibirischer Blaustern (Scilla siberica 'Alba')	grasartige Blätter, 10 – 15 cm	weiß, 3 – 4	Zwiebelpflanze, zieht nach der Blüte ein
Alpen-Elfenblume (Epimedium alpinum)	bildet Teppiche, 30 cm	gelb, 4 – 5	grüne, im Herbst rötliche Blätter, halbimmergrüner »Laubschlucker«
Gelbes Windröschen (Anemone ranunculoides)	bildet lockere Teppiche, 10 – 20 cm	gelb, 4 – 5	Zwiebelpflanze, zieht nach der Blüte ein
Genfer Günsel (Ajuga genevensis)	bodendeckend, immergrün, 10 – 20 cm	blau, 4 – 5	bildet dichte, halbimmergrüne Teppiche

Deutscher Name (Botanischer Name)	Wuchsform, Wuchshöhe	Blütenfarbe, Blühzeit (Monate)	Bemerkungen
Schatten-Segge (Carex umbrosa)	immergrüne Horste, 20 – 30 cm	rotbraun, 4 – 5	schmale Blätter, kurze Blütenstände, Sorte 'Thinny Thin' leicht überhängend
Große Sternmiere (Stellaria holostea)	lockerer Wuchs, 10 – 40 cm	weiß, 4 – 6	immergrün
Italienischer Aronstab (Arum italicum 'Pictum')	sommergrüne, aufrechte Staude, 20 – 30 cm	weiß, 4 – 6	panaschiertes Blatt, rote, giftige Beeren!
Nickendes Perlgras (Melica nutans 'Variegata')	sommergrüne Horste, 40 cm	weiß bis violett, 4 – 6	weiß gestreifte, schmale Blätter, auch im Winter dekorativ
Panaschiertes Vielblütiges Salomonssiegel (Polygonatum multiflorum 'Variegata')	sehr dekorativer, leicht überhängender Wuchs, 20 – 40 cm	weiß, 5 – 6	weiß panaschiertes Blatt, weiße Blüten, schwarze giftige Beeren!
Wald-Hainsimse (Luzula sylvatica 'Marginata')	immergrüne, buschige Horste, 40 cm	braun, 5 – 6	hübsche, lange Blütenstände, weißer Blattrand, bodendeckend, wuchert
Funkie (Hosta-Hybriden 'Gold Standard')	sommergrüne Staude, 60 – 80 cm	violett, 5 – 7	goldgelbes Blatt mit grünem Rand
Ruprechts Storchschnabel (Geranium robertianum)	sparriger Wuchs, 20 – 40 cm	rosa, 5 – 10	bildet Ausläufer, aber gut zu kontrollieren
Herbst-Alpenveilchen (Cyclamen hederifolium)	rundliche Blätter, 10 – 15 cm	rosa, 9 – 11	zieht bei zu großer Trockenheit ein

Substrat

Als Substrat eignet sich eine etwa 40 Zentimeter hohe Schicht aus einer dem Waldboden ähnlichen Mischung, z. B. selbst gemachter Laubkompost mit etwas Lehm oder gekaufte torffreie Spezialerde (z. B. für Heidelbeeren oder Rhododendren), sowie einigen Händen voll Hornspäne als Langzeitdünger. Nach der Bepflanzung muss das Beet im ersten Jahr regelmäßig, später nur bei langdauernder Trockenheit gegossen werden. Eine dicke Mulchdecke aus Laub, Holzhäcksel oder Rindenmulch hilft, den Boden feucht zu halten.

Niedrige gemauerte Hochbeete bzw. Pflanzringe, die um einen Baum herum gestellt werden, eignen sich auch sehr schön als Sitzplatz, wenn man einen schönen breiten Rand aus Abdeckplatten oder Holz konstruiert. Allerdings muss man bei vorhandenen Bäumen immer vorher klären, ob sie eine Aufschüttung im Wurzelbereich und am Stamm vertragen. Wird davon abgeraten (z. B. bei Birken), kann das Hochbeet auch in Form eines Ringes gestaltet werden, der den Stammbereich und die flach wachsenden Wurzeln großzügig ausspart. Muss Gelände rund um den Baum aufgeschüttet werden und der Baum ausgespart werden, kann aus solch einem gemauerten Ring auch ein Hochbeet werden, das vom tiefer stehenden Baumbereich aus gepflegt wird.

Tipp *Absterbende bzw. abgestorbene, aber noch standfeste Bäume kann man mit verschiedenen Klettergehölzen wie Clematis, Geißblatt und Kletterrosen schmücken. Sie benötigen ein Hochbeet von etwa 50 Zentimeter Höhe mit humosem Substrat in Stammnähe bzw. um den Stamm herum. Von hier aus leitet man sie mit Stäben, Gittern oder Schnüren an den Stamm bzw. zu den Ästen.*

Tast- und Raschelbeete

Tast- und Hörsinn werden von Pflanzen mit besonderer Blattoberfläche und raschelndem Laub angeregt. Sie ergänzen einen Garten, der die Augen, aber auch den Geruchs- und Geschmackssinn erfreut, hervorragend. Suchen Sie für die Beete einen ruhigen, sonnigen Platz im Garten aus. Ein Barfußweg, z. B. aus Rundkies, stimmt auf die Tasterfahrung ein und stimuliert auch die Fußsohlen. Für Tast- und Raschenbeete eignen sich runde Hochbeete, die in Gruppen oder entlang eines Weges aufgestellt werden, besonders gut. Verschiedene Beethöhen werden mit den dazu passenden Pflanzen bestückt, sodass man alle in bequemer Höhe erreichen kann. In Gruppen angeordnet sehen die Beete besonders schön aus, wenn man verschiedene Höhen und gegebenenfalls auch Durchmesser zu drei oder fünf Beeten zusammenstellt. Entlang eines Weges kann man dazu noch den Rhythmus der Abstände sowie die Wegebreite variieren und so einen gewissen Schwung in die Wegeführung bringen. Zwischen den Beeten sollte genügend Platz zum Laufen bleiben.

Runde Hochbeete mit den Durchmessern 84, 112 und 140 Zentimeter baut man ganz schnell und preisgünstig aus aneinandergesteckten, dünnen Polyethylen-Platten. Da sie schwarz sind, verkleidet man sie mit Bambus- oder Weidenmatten, oder man schraubt schmale senkrechte Holzlatten auf. Zu einem Tastweg für die Füße aus Rundkies (Fallschutzkies) passt eine Verkleidung mit Kieselsteinen besonders gut. Hierzu stellt man ein verzinktes Drahtgitter (Vogeldraht) im Abstand von drei bis fünf Zentimeter um das Rundbeet herum und befüllt den Zwischenraum mit Rundkies (ungebrochener Kies, Größe je nach Abstand und Maschenweite des Gitters). Diesen kann man sogar farblich sortiert einfüllen. Das sieht aus wie ein Gabionenbeet, erfordert aber weniger Platz, weil der Rand wesentlich dünner ist. Zudem kann man die dünnen, aber stabilen PE-Platten in beliebiger Höhe leicht eingraben, als Wurzelsperre nutzen (z. B. für Bambus), man braucht keine Folie und das Beet ist auch schnell wieder abgebaut.

Für moderne Gärten eignen sich auch Tonnen ohne Boden aus Aluminium oder Weißblech von 80 Zentimeter Höhe und 100 Zentimeter Durchmesser. Sie werden in drei Wandteilen geliefert und sind schnell aufgebaut und mit Substrat gefüllt. Ebenso schnell sind sie auch wieder abgebaut und können leicht transportiert werden, z. B. bei einem Umzug. Eine 40 Zentimeter tief eingegrabene Tonne kann beispielsweise einen schönen, raschelnden Bambus beherbergen, der auf diese Weise auch gleich eine Wurzelsperre für die Ausläufer bildende Pflanze erhält. Die anderen Tonnen können in passender Höhe auf einem Kaninchendraht oder eine Gärtnerfolie aufgestellt und mit Tastgräsern und -stauden bepflanzt werden. Drei unterschiedliche Höhen sehen für die Gruppe am schönsten aus.

Um die Beete herum füllt man am besten Kies (flachen, ungebrochenen Fallschutzkies) auf eine wasserdurchlässige Gärtnerfolie oder dickes Geovlies. So hat man gleichzeitig einen nett knirschenden Barfußpfad. Kombiniert man die Anordnung mit passenden wasserdichten Gefäßen, kann man mit einem Sprudler ein Wasserplätschern erzeugen, die Füße erfrischen oder ein Armbad nehmen. So wird der Platz mit Tast- und Raschelbeeten zur Wellnessoase. Abgeschirmt werden kann der Platz oder Weg mit einer Hecke aus Bambus, aber auch heimischen Hainbuchen oder Rot-Buchen, die ihr Laub lange behalten und mit den trockenen Blättern auch noch im Winter schön rascheln. Fallen sie im späten Winter ab, verschmutzen sie den Kies nicht, sondern werden fortgeweht und sind leicht aufzukehren.

Substrat

Alle genannten Tastpflanzen sind genügsam und brauchen nur eine magere sandige Erdmischung von etwa 40 Zentimeter Höhe. Darunter füllt man eine Drainageschicht aus Sand, Splitt, vulkanischem Bims oder Poroton ein. Grober Schotter ist nicht zu empfehlen, da sich seine spitzen Ecken verkeilen und durch die Tonnenwand drücken könnten. Auch Rollkies ist geeignet, sollte aber mit einem Vlies abgedeckt werden, da sonst das Substrat nach unten sickert.

Der Bambus verträgt auch eine etwas fettere bzw. lehmigere Erdmischung von etwa 60 Zentimeter Höhe, sollte aber gut drainiert werden, da seine Wurzeln sonst im Winter faulen können.

Ausdauernde Tastpflanzen für sonnige Hochbeete

Deutscher Name (Botanischer Name)	Wuchsform, Wuchshöhe	Blüte, Blühzeit (Monate)	Pflanzenteil zum Tasten
Schmalblatt-Wollgras (Eriophorum angustifolium)	überhängend, 30 – 60 cm	weiße Büschel, 4 – 5	weiße, wollige Samenstände
Reiher-Federgras, Großes Federgras (Stipa barbata, Stipa pulcherrima)	locker, leicht überhängend, 30 – 80 cm	lange Grannen, 5 – 7	seidig behaarte Grannen
Chinesisches Lampenputzer-Gras (Pennisetum alopecuroides 'Hameln')	kompakt, 30 – 80 cm	silbrige Ähren, 7 – 9	Ähren wie weiche Bürstchen
Woll-Ziest (Stachys byzantina 'Cotton Boll')	kompakt, mit Ausläufern kriechend, 50 cm	unscheinbar, klein, rosa, 7 – 8	weiche, wollige Blätter
Weicher Frauenmantel (Alchemilla mollis)	kuppelförmig, 20 – 40 cm	gelb, 5 – 6	weich behaarte Blätter
Rispen-Schleierkraut (Gypsophila paniculata)	grazil, 40 – 100 cm	weiß, 6 – 9	weiche, wolkige Blütenstände
Korsisches Heiligenkraut (Santolina chamaecyparissus var. corsicus)	halbkugelig, 30 – 40 cm	gelb, 7 – 8	fein gefiederte, filzige Blätter, duften beim Zerreiben
Echter Salbei (Salvia officinalis, verschiedene Sorten)	Halbgehölz, 30 – 60 cm	rosa, violett, blau, 5 – 7	filziges Blatt, duftet beim Zerreiben
Zitronen-Melisse (Melissa officinalis 'Citronella')	locker aufrecht, 30 – 60 cm	weißrosa, 7 – 9	raue Blätter, duften beim Zerreiben

Wasserhochbeete

Sumpf- und Wasserpflanzen in niedrigen Hochbeeten sind eine schöne Alternative zum (Mini-)Teich im Garten. Sie lassen sich gut in fertigen Pflanzkübeln aus Holz mit Plastikeinsatz, die recht preiswert sind, arrangieren. Der Eigenbau lohnt sich hier kaum, zumal man die passenden Kunststoffkübel nur schwer findet. Wer die Umrandung für einen vorhandenen Kunststoffkübel selbst bauen möchte, sollte sich

In Dreiergruppen zusammengestellt, kommen sechseckige Holzhochbeete besonders gut zur Geltung. Mit winterharten Sumpflanzen bepflanzt, sind sie eine schöne Alternative zum Miniteich im Garten.

Winkel zuschneiden lassen oder über das geeignete Werkzeug verfügen. Geeignete haltbare Hölzer sind Lärche, Douglasie und Eiche. Alle anderen heimischen Hölzer müssen behandelt oder gestrichen werden. Hat der Kunststoffeinsatz Abflusslöcher, kann man diese mit Teichfolie und einem (zu beiden Kunststoffen passenden) wasserfesten Kleber oder mit einer elastischen wasserfesten Dichtmasse verschließen.

Sehr hübsch sehen sechseckige Hochbeete aus, wenn man sie als Dreiergruppe aufstellt. Damit das Holz lange hält, sollte man die Umrandung auf flache Steine, Fliesenstücke oder Füßchen für Blumenkübel stellen. Man kann die Innenkübel auch auf rollende Blumenuntersetzer stellen und die Holzumrandung mit Schwerlastrollen (inklusive Bremsen) versehen. So kann man das Wasserbeet auf der Terrasse immer ins passende Licht und im Winter an einen geschützten Platz rollen und das Holz steht nicht im Nassen.

Als Alternative zu selbst gebauten Holzkübeln bieten sich auch alte Holzfässer, Holzzuber und verzinkte Gefäße, z. B. alte Zinkwannen, an. Hier braucht man keinen Kunststoffeinsatz, wenn die Gefäße wasserdicht sind.

Die Bepflanzung der Kübel richtet sich nach der gewünschten Wasserhöhe. In der Regel kommen nur Sumpfpflanzen in Frage, die 5 bis 30 Zentimeter Wassertiefe mögen. Nur wenige Sumpf- und Wasserpflanzen vertragen bewegtes Wasser und Gischt, wie sie von Sprudlern und Pumpen im Wasserbecken erzeugt werden. Deshalb sind zwei bis drei Kübel sinnvoll, die man mit oder ohne Sprudler und mit unterschiedlichen Wassertiefen anlegt und bepflanzt.

Die Substratstärke sollte 10 bis 15 Zentimeter betragen. Nach der Pflanzung ab spätem Frühjahr deckt man die offene Erde mit Kieselsteinen ab und lässt ganz vorsichtig Wasser über eine Zeitung oder Pappe hineinlaufen, um zu verhindern, dass das Substrat aufgewirbelt wird. Im Sommer muss immer wieder Wasser (möglichst weiches Regenwasser) nachgefüllt werden. Damit sich keine Fadenalgen bilden, darf man nur spezielle Teicherde mit wenig Nährstoffen verwenden.

Im Winter kann man den Kübel getrost draußen stehen lassen, sofern er frostfest ist. Den Sumpfpflanzen kann das gefrierende Wasser bzw. Substrat nichts anhaben. Man kann die Gefäße aber auch an einen überdachten Ort stellen oder luftdurchlässig abdecken, damit das Wasser bei Regen nicht überläuft. Oder man holt die gesamte Bepflanzung, meist ein undurchdringlicher Wurzelballen, im Herbst heraus und lagert sie auf einer Folie oder einem Vlies, abgedeckt mit Vlies und Laub, im Garten. Die Wurzeln müssen im Winter nur leicht feucht bleiben.

Substrat

Neben gekaufter Teicherde kann man für Sumpfbeete auch ein selbst gemischtes Substrat verwenden. Mit einem Teil lehmigem Sand, einem Teil gewaschenem Sand, einem Teil Porotonkügelchen oder Lavabims, angereichert mit einer Hand voll Kompost, hat man eine ausreichend nährstoffreiche Mischung. Das anfänglich getrübte Wasser lässt man entweder über den Rand laufen, nachdem der Kies aufgelegt wurde, oder man übt sich in Geduld, bis sich die Trübstoffe von selbst gesetzt haben.

Wer im Wasserhochbeet auch einen Sprudler betreiben möchte, kann zwischen verschiedenen Verfahren wählen, die alle unterschiedliche Geräusche verursachen. Das Wasser kann in Form eines kleinen Springbrunnens ins Becken fallen (auf die Windrichtung achten!) oder über einen Quellstein sickern. Es kann aber auch aus einem Wasserspeier außerhalb des Beckens kommen. In diesem Fall muss das Beet aber fest installiert sein und kann nicht gerollt werden.

Winterharte Sumpfpflanzen ohne Sprudler oder Wasserbewegung

Deutscher Name (Botanischer Name)	Wassertiefe	Blütenfarbe, Blühzeit (Monate)	Bemerkungen
Rotgefleckte Gauklerblume (Mimulus luteus)	0 – 5 cm	gelb, 6 – 9	sehr dekorativ
Pfennigkraut (Lysimachia nummularia)	0 – 5 cm	gelb, 5 – 8	lange Ausläufer über den Gefäßrand hängend
Zwerg-Binse (Juncus pygmaeus 'Spiralis')	5 – 10 cm	braun, 5 – 8	aufrecht, spiralige Halme, bis 40 cm hoch
Zwerg-Rohrkolben (Typha minima)	5 – 10 cm	braun, 5 – 7	aufrecht, bis 50 cm hoch
Schein-Zypergras-Segge (Carex pseudocyperus)	5 – 10 cm	braun, 5 – 6	aufrecht, bis 90 cm hoch
Wasser-Minze (Mentha aquatica)	5 – 10 cm	hellblau, 6 – 8	duftet aromatisch, essbar
Bachbunge (Veronica beccabunga)	5 – 10 cm	blau, 5 – 9	hübsche kleine Blüten
Wassersalat (Pistia stratiotes)	mindestens 10 cm	keine Blüte	schwimmt auch in kleinsten Gefäßen, nicht winterhart
Kalmus (Acorus calamus)	10 – 20 cm	gelbbraun, 6 – 8	Sorte 'Variegatus' mit gestreiften Blättern
Wasserfeder (Hottonia palustris)	10 – 20 cm	rosa, 5 – 6	wintergrün
Ährenblütiges Tausendblatt (Myriophyllum spicatum)	10 – 20 cm	blassrosa, 6 – 9	blüht über dem Wasser
Zwerg-Seerose (Nymphaea tetragona)	10 – 20 cm	weiß, 6 – 9	sehr dekorativ

Winterharte Sumpfpflanzen für Kübel, die Sprudler und andere Wasserbewegung vertragen

Deutscher Name (Botanischer Name)	Wassertiefe	Blütenfarbe Blühzeit (Monate)	Bemerkungen
Lanzettblättriger Froschlöffel (Alisma lanceolatum)	0 – 20 cm	rosa, 6 – 8	bis 80 cm hoch
Sumpf-Dotterblume (Caltha palustris)	0 – 20 cm	gelb, 4 – 6	zieht ab Juni ein
Sumpf-Vergissmeinnicht (Myosotis palustris)	0 – 20 cm	blau, 5 – 9	hübscher Dauerblüher, Sorte 'Icepearl' weiß
Gewöhnliche Sumpfbinse (Eleocharis palustris)	0 – 50 cm	braun, 5 – 8	aufrechtes Gras
Sumpf-Wolfsmilch (Euphorbia palustris)	0 – 50 cm	dunkelgelb, 5 – 6	bis 100 cm hoch
Tannenwedel (Hippuris vulgaris)	20 – 150 cm	grün, 6 – 8	Unterwasserpflanze
Straußblütiger Gilbweiderich (Lysimachia thyrsiflora)	20 – 150 cm	gelb, 5 – 6	nur für große Kübel
Doldige Schwanenblume (Butomus umbellatus)	20 – 50 cm	rötlich weiß, 6 – 8	sehr dekorativ
Gewöhnliches Pfeilkraut (Sagittaria sagittifolia)	20 – 50 cm	weiß, 6 – 8	sehr dekorativ

Hochbeete als Tierquartiere

Neben den genannten Vorzügen eines Hochbeetes für den Menschen kann es nebenbei auch noch für viele seltene und nützliche Tiere als Überwinterungsquartier, Behausung, Futter- oder Brutplatz dienen. Dazu muss man beim Bau lediglich die Bedürfnisse der entsprechenden Tierarten berücksichtigen. So effektiv man hier Schnecken aussperren kann, kann man Nützlinge anlocken. Auf diese Weise kann auch ein Hochbeetgarten ökologischen Ansprüchen genügen und viele Lebensräume für heimische Tiere bieten. Der ökologisch versierte Gartenbesitzer weiß, dass viele heimische Tiere im Garten zu einem ökologischen Gleichgewicht beitragen und zudem viele sinnliche Erfahrungen bieten. Vögel erfreuen uns mit ihrem Gesang, Schmetterlinge mit ihrem Aussehen, Hummeln und Bienen mit ihrem Fleiß bei der Bestäubung.

Reptilien und Amphibien nutzen gerne Spalten und Hohlräume in Trockenmauern als Unterschlupf und sogar manchen Vogelarten kann man hier Nisthilfen bieten. Aber auch Unterschlupf und Brutmöglichkeiten für Ohrwürmer, Solitärbienen und Hummeln lassen sich gut in einen Hochbeetgarten integrieren. Selbst dem Igel kann man ein Winterquartier im Hochbeet schaffen.

Tipp *Neben dem Schneckenfraß verhindern Hochbeete übrigens sehr effektiv, dass der eigene Hund über die frisch eingesäten Beete rennt und Kaninchen das Frischgepflanzte abfressen. Auch Katzen scheinen in der luftigen Höhe ungern ihr Geschäft zu verrichten.*

Damit die Quartiere gut angenommen und nicht von Katzen und Mardern ausgeräubert werden, sollte man sich vorher über die optimale Bauweise kundig machen. Noch leichter geht es mit Fertigteilen eines Naturmauerprogramms (siehe Seite 151), die man in ein Hochbeet aus passenden Betonsteinen leicht einbauen kann. Sie werden mit passenden Nist- oder Überwinterungsquartieren bestückt und können so auf kleinstem Raum für viele Refugien sorgen.

Doch auch Hochbeete aus Holz können Tieren Quartier und Nistmöglichkeiten bieten. So kann man z. B. in den Rahmen, die Eckpfosten oder Schwellen aus Hartholz auf der Südseite Löcher für Wildbienen bohren. Ein Hochbeet in Rahmenbauweise kann ein Gefach nach Art eines Insektenhotels (mit einer wasserfesten Rückwand) bekommen. Man kann auch eine Schmalseite des Beetes mit zwei hohen Eckpfosten versehen und hier ein nach Süden offenes Insektenhotel bauen. Witzig könnte das Ganze aussehen, wenn man es einem Betthaupt nachempfindet. Hier muss man aber auf die Himmelsrichtung achten, damit die Pflanzen im Beet nicht verschattet werden. Baut man den Beetkasten mit etwa zwei Meter hohen Eckpfosten, kann man hier auch Nistkästen für Höhlenbrüter und Quartiere für Marienkäfer, Ohrwürmer und Schmetterlinge anbringen. Werden die Eckpfosten an den oberen Enden mit Querlatten verbunden, können diese als Rankhilfe dienen, die Konstruktion wird stabiler und sieht wie ein Himmelbett aus.

In luftiger Höhe kann man auch Nistkästen für Vögel anbringen, z. B. an einem Mittelpfosten in einem runden Hochbeet. Hübsch (mit umweltfreundlicher Farbe) von außen gestrichen, sehen Pfosten und Nistkasten auch im Winter dekorativ aus.

Tierquartiere am Boden lassen sich durch Aussparungen in der untersten Reihe aus Brettern oder Schwellen leicht schaffen. Ein Überwinterungsquartier für Igel muss jedoch ein dickes und wasserfestes

Mit einem eigens entwickelten Naturmauerprogramm aus
Nischensteinen und passenden Vorsätzen kann man viele Tierquartiere
ganz einfach in eine Hochbeetmauer integrieren.

Dach in Form eines eingebauten großen und stabilen Kastens bekommen, das die Last der Drainage- und Substratschicht darüber aushält. Für Kröten und Reptilien reichen dagegen Gänge (z. B. in Form von Tonröhren) in einer locker aufgebauten Drainageschicht mit Hohlräumen und Spalten. Damit die Tiere im Winterschlaf nicht erdrückt werden, müssen die Spalten aus sorgfältig geschichteten Steinen bestehen. Und damit sie nicht ersticken, dürfen die Eingänge nicht mit verdichtetem Schnee verdeckt sein. Eidechsen kann man mit Kaninchendraht, den man vor die Mauerspalte legt, gegen Katzen schützen. Für Hummeln benutzt man am besten Fertignester (Bezugsquellen siehe Seite 151) und lässt nur die Röhren aus dem Beetrand herausschauen. Alle genannten Quartiere können aber auch von Mäusen benutzt werden, deren »Aufsteigen« ins Beetinnere man tunlichst mit darübergelegtem »Kaninchendraht« verhindern sollte.

143

Tierquartiere im Hochbeetrand aus Naturstein oder Betonstein

Tiergruppen	Bauweisen	Bemerkungen
Fledermäuse (vor allem Zwergfledermaus, Braunes Langohr)	hohler Kasten, Vorderwand mit Schlitz oder fertiger Nischenstein	möglichst hoch, mit freiem Anflug, nach Süden bis Westen zeigend
Spitzmäuse	Hohlräume im Drainagematerial oder Kleinsäugerstein	Eingang am Boden, Nistmaterial im zeitigen Frühjahr gegebenenfalls austauschen
Igel	Überwinterungshöhle in Drainageschicht, Eingang am Boden	muss ausreichend groß und wasserfest sein
Wiesel	Röhre in Bodennähe in Hohlraum in Drainageschicht aus groben Steinen	6 cm Durchmesser für den Eingang sind ausreichend
Vögel (Nischenbrüter wie Hausrotschwanz, Bachstelze, Grauschnäpper, Rotkehlchen, Haus- und Feldsperling, auch Höhlenbrüter wie Meisen, Kleiber)	Nischenbrüterhöhle mit zwei Einfluglöchern oder katzensicher Selbstbau	möglichst hoch einbauen, nach Südost bis Südwest zeigend
Vögel (Halbhöhlenbrüter wie Hausrotschwanz, Bachstelze, Grauschnäpper)	Halbhöhlenniststein oder Selbstbau	möglichst hoch, katzensicher und nach Süden zeigend
Reptilien (Eidechsen, Blindschleichen)	schmale Nischen im Naturstein; Hohlblockstein; dünne Röhren	nach Süden zeigend, Eingang gegebenenfalls mit Draht katzensicher machen
Amphibien (Kröten, Molche, Salamander)	lange Nischen oder Röhren am Boden in Drainageschicht (Stein oder organisch)	auch Halbhöhlenstein für Vögel geeignet

Tiergruppen	Bauweisen	Bemerkungen
Hummeln (Langrüsselige Hummeln wie: Wald-, Acker-, Gras-, Obst-, Feld-, Erdbau-, Deich-, Sand- und Veränderliche Hummel; Kurzrüsselige Hummeln wie: Dunkle und Helle Erdhummel, Berg-, Stein-, Wiesen- und Baumhummel)	großer Hohlblockstein oder Fertignest mit langer Eingangsröhre in Bodennähe oder Hummelnistkasten mit Polsterwolle und Einstreu	vorher mit etwas Moos oder Nistmaterial ausfüttern, im Herbst das Nistmaterial austauschen; Himmelsrichtung ist beliebig, das Einflugloch muss frei sein
Hautflügler (verschiede Wildbienenarten sowie Grab-, Falten- und Wegwespen)	Lochziegel mit Lehm und / oder hohlen Stängeln; Fertigstein mit Beobachtungsmöglichkeit aus Mauerprogramm; Insektenniststein aus Lehm und Schilf; 10 cm lange Bohrlöcher mit 2 – 5 mm Durchmesser in Hartholz	möglichst hoch anbringen, unbedingt nach Süden zeigend; Röhren nicht reinigen
Schmetterlinge	Hohlblock- oder Ziegelstein mit engen senkrechten Spalten; Fertigstein aus Mauerprogramm	möglichst hoch anbringen, nach Süden zeigend
Ohrwürmer und Marienkäfer	Nische, Röhre oder Lochstein mit Holzwolle oder Stroh ausgefüllt	möglichst mit Kontakt zu Pflanzen
Regenwürmer	im Beetsubstrat, nur bei organischer Drainageschicht und laufend Fütterung mit einer Mulchschicht aus Blättern und Pflanzenresten auf dem Beet	Beetkasten muss auf Erdboden stehen, damit sich die Tiere im Winter in den frostfreien Untergrund zurückziehen können

Regenwürmer im Hochbeet

Das Hochbeet kann theoretisch auch ein Quartier für Regenwürmer sein. Bekanntlich beeinflussen diese nützlichen Tiere sowohl die Zusammensetzung als auch die Struktur des Bodens positiv. Es macht jedoch keinen Sinn, gekaufte Regenwürmer oder Würmer aus dem Garten in das Hochbeet zu setzen, wenn man nicht vorher geprüft hat, ob sich die Tiere hier auch dauerhaft wohlfühlen bzw. überleben können.

▷ Regenwurm ist nicht gleich Regenwurm. In unseren Breiten kommen viele Arten vor, die man nach ihrer Lebensweise unterscheidet. Für Hochbeete kommen nur solche Arten in Frage, die in Tiefen bis einen halben Meter horizontale Gänge graben und sich von weitgehend zersetztem, organischem Material und Humus ernähren. Der bekannteste Vertreter dieses Typs ist der Kompostwurm (*Eisenia foetida,* siehe Seite 23).

▷ Regenwürmer müssen ernährt werden. Werden sie nicht ununterbrochen mit einer Mulchdecke aus Blättern gefüttert, vergreifen sie sich an den Kulturpflanzen.

▷ Regenwürmer müssen im Winter in tiefe, frostfreie Bodenschichten auswandern können. Drainageschichten aus mineralischem Material können von ihnen ebenso wenig durchwandert werden, wie grobes Holzhäcksel. Auch in einem Hochbeet, das auf einem befestigten oder verdichteten Untergrund steht, sind die Würmer gefangen und gehen zugrunde.

▷ Regenwürmer sind sehr empfindlich gegenüber Hitze. Ihr Temperaturoptimum liegt zwischen zehn und 14 °C. Sie müssen also auch im Sommer in kühlere Bodenschichten ausweichen können. Im Hochbeet ist es ihnen die meiste Zeit zu warm.

▷ Wurmeier befinden sich in jedem guten Gartenboden. Sie werden zwangsläufig beim Befüllen der Beete eingeschleppt und entwickeln sich zu ausgewachsenen, vermehrungsfreudigen Würmern, wenn ihnen der Standort zusagt.

Ihre Ideen ...

... sind gefragt. Liebe Leserin, liebe Leser, wir sind gespannt, wie Ihr eigenes Hochbeet aussieht. Schicken Sie uns doch einfach ein Foto Ihres Gemüse-, Kräuter- oder Blumenhochbeetes zu. Als Dankeschön für die Zusendung eines Fotos erhalten Sie ein Buch aus unserem Programm (bitte gewünschten Titel angeben).
Wir freuen uns über Ihre Anregungen, Ideen und Kritik!

Unsere Adresse:
pala-verlag, Rheinstraße 35, 64283 Darmstadt
www.pala-verlag.de
E-Mail: info@pala-verlag.de

Anhang

Zum Weiterlesen

Irmela Erckenbrecht:
Die Kräuterspirale
pala-verlag

Irmela Erckenbrecht:
**Neue Ideen für
die Kräuterspirale**
pala-verlag

Natalie Faßmann:
**Auf gute Nachbarschaft.
Mischkultur im Garten**
pala-verlag

Dettmer Grünefeld:
Das Mulchbuch
pala-verlag

Wolf Richard Günzel:
Lebensräume schaffen
pala-verlag

Brigitte Kleinod:
**Gärten für Senioren
planen und gestalten**
Ulmer

Brigitte Kleinod:
**Gärten intelligent planen
und gestalten**
Ulmer

Brigitte Kleinod,
Friedhelm Strickler:
Minze
Ulmer

Marie-Luise Kreuter:
Der Biogarten
BLV Buchverlag

Sofie Meys:
Lebensraum Trockenmauer
pala-verlag

Reinhard Witt:
Wildpflanzen für jeden Garten
BLV Buchverlag

Fritz Hilgenstock, Reinhard Witt:
Das Naturgarten-Baubuch
Callwey

Adressen

Bezugsquellen für Pflanzen und Saatgut

herb's
Gärtnerei & Pflanzenversand
Stedinger Weg 16
27801 Dötlingen
www.herb-s.de

Bioland Hof Jeebel
Biogartenversand
Dorfstraße 17
29416 Riebau/Jeebel
www.biogartenversand.de

VEN
Verein zur Erhaltung der
Nutzpflanzenvielfalt e. V.
Geschäftsstelle
Sandbachstraße 5
38162 Schandelah
www.nutzpflanzenvielfalt.de

Lichtenborner Kräuter
Twetgenweg 10
37181 Hardegsen-Lichtenborn
www.lichtenborner-kraeuter.de

Dreschflegel
Postfach 1213
37202 Witzenhausen
www.dreschflegel-saatgut.de

Manufactum
Hiberniastraße 5
45731 Waltrop
www.manufactum.de

Natur pur
Gärtnerei Strickler
Lochgasse 1
55232 Alzey-Heimersheim
www.gaertnerei-strickler.de

Bio-Saatgut
Gaby Krautkrämer
Eulengasse 3
55288 Armsheim
www.bio-saatgut.de

Bingenheimer Saatgut
Kronstraße 24
61209 Echzell-Bingenheim
www.oekoseeds.de

Blauetikett Bornträger
Postfach 4
67591 Offstein
www.blauetikett.de

Rieger-Hofmann GmbH
In den Wildblumen 7
74572 Blaufelden-Raboldshausen
www.rieger-hofmann.de

Syringa
Duftpflanzen und Kräuter
Bachstraße 7
78247 Hilzingen-Binningen
www.syringa-samen.de

Keller GmbH & Co. KG
Konradstraße 17
79100 Freiburg
www.biokeller.de

Waschbär –
Der Umweltversand
Wöhlerstraße 4
79108 Freiburg
www.waschbaer.de

Hof Berg-Garten
Großherrischwand
Lindenweg 17
79737 Herrischried
www.hof-berggarten.de

Staudengärtnerei Gaissmayer
Jungviehweide 3
89257 Illertissen
www.gaissmayer.de

Die Blumenschule
Augsburger Straße 62
86956 Schongau
www.blumenschule.de

Artemisia
Heil- und Duftpflanzen,
Kräuter und Stauden
Hopfen 29
88167 Stiefenhofen im Allgäu
www.artemisia.de

grüner Tiger
Pfarräckerstraße 13
90522 Oberasbach
www.gruenertiger.de

Reinsaat Emmelmann
3572 St. Leonhard
Am Hornerwald 69
Österreich
www.reinsaat.co.at

Gartenbau Wagner
Gutendorf 36
8353 Kapfenstein
Österreich
www.gartenbauwagner.at

C. & R. Zollinger
Biologische Samengärtnerei
1897 Les Evouettes
Schweiz
www.zollinger-samen.ch

biosem
Le Burkli 83
2019 Chambrelien NE
Schweiz
www.biosem.ch

Sativa Rheinau
Klosterplatz
8462 Rheinau
Schweiz
www.sativa-rheinau.ch

Neubauer
Biogärtnerei & Naturgärten
Lenzenhausstraße 9
8586 Erlen
Schweiz

Nisthilfen und Natursteinprogramme

Schwegler Vogel- und
Naturschutzprodukte GmbH
Heinkelstraße 3
73614 Schorndorf
www.schwegler-natur.de

Keller GmbH & Co. KG
Konradstraße 17
79100 Freiburg
www.biokeller.de

Manufactum
Hiberniastraße 5
45731 Waltrop
www.manufactum.de

Manufactum Österreich
Wiener Straße 26
4030 Linz
www.manufactum.at

Manufactum Schweiz
Industriestraße 19
8112 Otelfingen
www.manufactum.ch

biosem
Le Burkli 39
2019 Chambrelien NE
Schweiz
www.biosem.ch

Andermatt Biogarten AG
Stahlermatten 6
6146 Grossdietwil
Schweiz
www.biogarten.ch

Bezugsquellen für spezielle Hochbeetsysteme, Pflanzringe und Pflanzkästen

Bioland Hof Jeebel
Biogartenversand
Dorfstraße 17
29416 Riebau/Jeebel
www.biogartenversand.de

Simonmetall GmbH & Co. KG
Mühlwiesenstraße 4
36142 Tann (Rhön)-Günthers
www.hochbeet.de
(Metall-Hochbeete)

Manufactum
Hiberniastraße 5
45731 Waltrop
www.manufactum.de

Claus E. Fischer
Hoffmannstr. 57
64285 Darmstadt
(einwandige PE-Platten
für runde Hochbeete)

CEKO
Bahnhofstraße 53
73450 Neresheim-Elchingen
www.ceko.de
(Baukastensysteme für
Pflanzkästen)

Stima-Hochbeet
Manfred Stiebler
Josef-Welte Straße 2
78183 Hüfingen-Mundelfingen
www.stima-hochbeet.de

Juwel Deutschland
Bahnhofstraße 31
82467 Garmisch-Partenkirchen
www.juwel.com

Schlosserei Hauslbauer + Sohn
Ringstraße 15
84378 Dietersburg-Nöham
E-Mail:
haslbauer-noeham@t-online.de

Beckmann KG
Simoniusstraße 10
88239 Wangen
www.beckmann-kg.de

Juwel Österreich
Industriezone 19
6460 Imst
www.juwel.com

Aktion Gesunder Rücken

Aktion Gesunder Rücken (AGR) e.V.
Postfach 103, 27443 Selsingen
www.agr-ev.de

Die Autorin

Brigitte Kleinod ist Biologin, Gartenplanerin und Buchautorin. Neben zahlreichen Gartenbüchern schreibt sie auch für Fachzeitschriften, hält Vorträge und berät Gartenbesitzer bei der Planung und Gestaltung. Als Mitglied im Naturgarten e.V. und NABU setzt sie sich für naturnahe Bepflanzungen und umweltfreundliche Gartengestaltung ein. Doch auch menschenfreundliche, besonders rückengerechte und die Gesundheit fördernde Gärten sind ihr ein wichtiges Anliegen. Frau Kleinod lebt mit ihrer Familie im hessischen Taunus und pflegt einen etwa 3000 Quadratmeter großen naturnahen Garten. Einen Teil davon hat sie zum Hochbeetgarten umgestaltet und experimentiert darin seit Jahren mit unterschiedlichen Konstruktionen und Bepflanzungen von Hochbeeten.

Informationen über die Planungs-, Gestaltungs- und Beratungsangebote der Autorin gibt es unter www.kleinod-garten.de.

Wir engagieren uns noch stärker für den Klimaschutz!

Seit mehr als 15 Jahren drucken wir unsere Bücher weitestgehend auf Recyclingpapier und versuchen damit, eine ressourcenschonende und umweltfreundliche Buchproduktion zu ermöglichen.

In den letzten Jahren ist der Klimawandel mit seinen weitreichenden Folgen für uns und vor allem unsere nachfolgenden Generationen immer mehr zum Thema geworden. Die Auswirkungen sind bereits jetzt spürbar – Wetterextreme, sich verschiebende Jahreszeiten, Erderwärmung. Auch wenn diese Entwicklungen nicht mehr völlig aufzuhalten sind, müssen wir – auch als Verlag – aktiv werden.

Die *freiburger graphische betriebe,* die Druckerei, in der unsere Bücher produziert werden, beteiligen sich an der Klimainitiative der Druck- und Medienverbände Deutschland und bieten die Möglichkeit, Buchproduktionen klimaneutral herstellen zu lassen. »Klimaneutral« bedeutet den Ausgleich von Treibhausgasen bzw. die Neutralisation durch die Einsparung einer bestimmten CO_2-Menge an anderer Stelle. Da die Wirkungen des Treibhauseffektes global schädigen, ist es irrelevant, an welchem Ort der Welt Emissionen entstehen und wo sie dann letztendlich eingespart werden. Der gesamte Prozess des Ausgleiches von Treibhausgasen basiert auf dem Kyoto-Protokoll von 1997.

Wir haben nun die Möglichkeit, für jedes Druckprodukt den genauen Wert des CO_2-Ausstoßes, der auf den Produktionsprozess in der Druckerei und deren Materialeinsatz zurückzuführen ist, zu ermitteln. Mit Hilfe eines vom Bundesverband der deutschen Druckindustrie entwickelten Rechners, mit dem viele Faktoren erfasst werden – Energieverbrauch, Farbe, Papier, Transportwege oder Einsatz von Personal – wird am Ende der Buchproduktion ein Wert ermittelt, der die relevante Wertschöpfungskette für die technische Herstellung des Buchs umfasst und den durch die Produktion verursachten CO_2-Ausstoß nachweist.

Für diesen Wert bezahlen wir als Verlag einen Ausgleich, der dann in anerkannte und zertifizierte Klimaschutzprojekte fließt. Die Zertifizierung erfolgt durch die Organisation *firstclimate* (www.firstclimate.com) und wird durch das Logo »Print CO_2« angezeigt.

Die aus dem Druck dieses Buchs resultierende Klimaabgabe fließt in ein Windparkprojekt in der Marmara-Region in der Türkei.
Das Projektgebiet liegt in der Marmara-Region an einem Höhenrücken etwa 350 m über Meereshöhe, nahe der Dörfer Elbasan und Catalca unweit Istanbuls. Im Rahmen des Projekts werden 20 Windenergieanlagen mit einer Nennleistung von je 3 MW errichtet.

Lebensraum Garten

Erckenbrecht / Lutter:
**Sichtschutz
im lebendigen Garten**
ISBN: 978-389566-268-3

Irmela Erckenbrecht:
Wie baue ich eine Kräuterspirale?
ISBN: 978-3-89566-220-1

Irmela Erckenbrecht:
Neue Ideen für die Kräuterspirale
ISBN: 978-3-89566-240-9

Sofie Meys:
Lebensraum Trockenmauer
ISBN: 978-3-89566-249-2

Tiere im Garten

Wolf Richard Günzel:
Das Insektenhotel
ISBN: 978-3-89566-234-8

Wolf Richard Günzel:
Das Wildbienenhotel
ISBN: 978-3-89566-244-7

Wolf Richard Günzel:
Der igelfreundliche Garten
ISBN: 978-3-89566-250-8

Wolf Richard Günzel:
Lebensräume schaffen
ISBN: 978-3-89566-225-6

Nach dem Vorbild der Natur

Wolf Richard Günzel:
Lebensraum Gartenteich
ISBN: 978-3-89566-262-1

Natalie Faßmann:
Auf gute Nachbarschaft
ISBN: 978-3-89566-257-7

Sofie Meys:
Schneckenalarm!
ISBN: 978-3-89566-227-0

Dettmer Grünefeld:
Das Mulchbuch
ISBN: 978-3-89566-218-8

Vegetarisches aus aller Welt

Heike Kügler-Anger:
Cucina vegana
ISBN: 978-3-89566-247-8

Heike Kügler-Anger:
Vegetarisch kochen – französisch
ISBN: 978-3-89566-224-9

Kerstin Lautenbach-Hsu:
Vegetarisch kochen – chinesisch
ISBN: 978-3-89566-259-1

S. Dourali / S. Durali-Müller:
Vegetarisch kochen – persisch
ISBN: 978-3-89566-233-1

Gesamtverzeichnis bei:
pala-verlag, Rheinstraße 35, 64283 Darmstadt, www.pala-verlag.de

ISBN: 978-3-89566-261-4
© 2009: pala-verlag,
2. korrigierte Auflage 2010
Rheinstraße 35, 64283 Darmstadt
www.pala-verlag.de

Alle Rechte vorbehalten
Umschlag- und Innenillustrationen: Margret Schneevoigt

Lektorat: Barbara Reis

Satz und Gestaltung: Verlag Die Werkstatt, Göttingen
www.werkstatt-verlag.de

Druck: fgb • freiburger graphische betriebe
www.fgb.de
Printed in Germany

Dieses Buch ist auf Papier aus 100 % Recyclingmaterial
gedruckt und klimaneutral produziert.